CLARENDON GERMAN SERIES
General Editor: P. F. GANZ

BERTOLT BRECHT
SELECTED POEMS

BERTOLT BRECHT

SELECTED POEMS

EDITED BY
K. WÖLFEL
*Privatdozent in the Georg-August-Universität
of Göttingen*

OXFORD UNIVERSITY PRESS

Oxford University Press, Ely House, London W. 1

GLASGOW   NEW YORK   TORONTO   MELBOURNE   WELLINGTON
CAPE TOWN   IBADAN   NAIROBI   DAR ES SALAAM   LUSAKA   ADDIS ABABA
DELHI   BOMBAY   CALCUTTA   MADRAS   KARACHI   LAHORE   DACCA
KUALA LUMPUR   SINGAPORE   HONG KONG   TOKYO

First published 1965
Reprinted 1975

Printed in Great Britain
at the University Press, Oxford
by Vivian Ridler
Printer to the University

CONTENTS

Introduction 9

Main Dates in Brecht's Life 34

Select Bibliography 36

Acknowledgements 41

Poems
  Vom armen B. B. 43
  Großer Dankchoral 45
  Bericht vom Zeck 46
  Das Schiff 47
  Ballade von den Abenteurern 49
  Ballade auf vielen Schiffen 50
  Von des Cortez Leuten 52
  Ballade von den Geheimnissen jedweden Mannes 54
  Der Choral vom großen Baal 55
  Legende vom toten Soldaten 57
  Von der Kindesmörderin Marie Farrar 61
  Maria 64
  Ballade von der Hanna Cash 65
  Die Seeräuber-Jenny 67
  Erinnerung an die Marie A. 69
  Vom ertrunkenen Mädchen 70
  Die Liebenden 71
  Von Schwimmen in Seen und Flüssen 72
  Vom Klettern in Bäumen 73
  Aus einem Lesebuch für Städtebewohner 74

Zum Lesebuch für Städtebewohner gehörige
  Gedichte   76
Die Nachtlager   78
Gesang der Reiskahnschlepper   79
Lied der Starenschwärme   81
Die Ballade vom Wasserrad   82
Das Lied von der Moldau   83
Der Gedanke in den Werken der Klassiker   84
Lob des Zweifels   84
Fragen eines lesenden Arbeiters   87
Der Schuh des Empedokles   89
Legende von der Entstehung des Buches Taoteking   92
Besuch bei den verbannten Dichtern   95
Schlechte Zeit für Lyrik   96
Zitat   97
Zufluchtsstätte   98
Der Zweifler   98
Gedanken über die Dauer des Exils   99
Aus der Deutschen Kriegsfibel   100
1940   101
Die Pfeifen   104
Hollywood   104
Die Maske des Bösen   105
Auf einen chinesischen Teewurzellöwen   105
Der Rauch   105
Der Radwechsel   105
Beim Lesen des Horaz   106
Der Blumengarten   106
Das Theater, Stätte der Träume   106
Lied des Stückschreibers   107
An die Nachgeborenen   110

Notes   115

Index of First Lines   131

To
ROY PASCAL

INTRODUCTION

Eugen Berthold Friedrich Brecht, who later called himself Bert, then Bertolt, Brecht, was born in Augsburg,
Bavaria, on 10th February 1898. 'I have grown up the son
of well-to-do people,' he says in one of his poems; his
father, then an employee, later became managing director
of a paper-mill. In Augsburg the young Brecht went to
the elementary school, and from 1908 till 1917 to the
Realgymnasium, a grammar school combining the humanities
and the sciences. In 1917 he began reading medicine at
the University of Munich, but had to join the army during
the last months of World War I. He served as a medical
orderly in a miliary hospital at Augsburg. During the
short time he spent at Munich Brecht made his first
acquaintance with the greater literary and theatrical
world. The dramatist Frank Wedekind, after Gerhart
Hauptmann the most considerable dramatic talent of the
early twentieth-century in Germany, found in Brecht an
enthusiastic admirer. In the winter of 1918-19, when
Brecht resumed his studies at Munich, he met the writer
Lion Feuchtwanger, who became his permanent friend
and a collaborator in some of his dramatic works of the
twenties. Brecht's university studies more and more became a pretext for his true interest, literature and the
theatre. Eventually he gave them up completely, having,
as he later ironically remarked, learned at the university

to play the guitar. In 1918 he had finished his first play *Baal*; others followed, and in 1922 he saw the first production of one of his plays on the stage. The première was a success, and his play was awarded the *Kleist-Preis*, a prize annually given to the most promising young dramatist.

While at Munich Brecht had begun to look towards Berlin, at that time the centre of the German theatrical world, where Max Reinhardt, Leopold Jessner, and Erwin Piscator were directing the leading theatres there. After a couple of visits to the German capital Brecht finally settled in Berlin in 1924 and lived there until 1933. His first marriage to Marianne Zoff ended in divorce, and in 1928 he married Helene Weigel, an actress who was to become the most celebrated interpreter of Brecht's heroines. The same year saw the première of the *Dreigroschenoper*, based on John Gay's *Beggar's Opera*, with music by Kurt Weill, the composer whose way of writing most suited Brecht (other composers with whom he collaborated were Hindemith, Eisler, and Dessau). The *Dreigroschenoper* was an overwhelming success, the most triumphant theatrical success in Brecht's life.

In the latter half of the twenties Brecht, who from the very beginning had been politically minded, with a distinct inclination towards the left, began a thorough study of Marx and Marxism, and became a supporter of the Communist party. His name was naturally on the list of proscribed persons when Hitler came to power in 1933. Brecht left Berlin immediately after the burning of the *Reichstag*. His migrations had begun: 'More often changing countries than shoes', as he says in a poem. Via Austria, Switzerland and France he came to Denmark on the invitation of Karin Michaelis, a Danish writer, and settled there, from time to time travelling to Paris, London, New York and, in 1935, Moscow, for meetings

of German artists and writers in exile, or to attend performances of his plays. In 1939 he left Denmark for
Sweden; then in 1940 he went to Finland. Finally in 1941
he came, via the U.S.S.R., to the United States, where he
remained till 1947, living most of the time in California, and
never finding contact or sympathy with the country which
in his eyes was much more the wrestling-ground of capitalism than the most powerful opponent of Hitler's fascism.

On his return to Europe Brecht settled at Zurich; then
in 1948 he accepted an invitation to East Berlin to produce one of his plays, and finally moved to East Berlin for
good in 1949. The *Berliner Ensemble* had in the meantime
been formed under the direction of Helene Weigel;
Brecht now became its artistic adviser. 'Brecht, who had
left Berlin as the enfant terrible of his time, now returned
to it as the grand old man of German literature' (M.
Esslin). The following years brought to him some kind of
harvest after a lifetime devoted to drama. During the
years in exile he had written his great series of theatrical
masterpieces. He produced nothing of comparable importance after his return to Germany. He concentrated his
efforts on the staging of his plays, adding to his fame as a
dramatic writer that of one of the great producers of his
century. The *Theater am Schiffbauerdamm*, where the
Berliner Ensemble has performed since 1954, became the
destination of visitors from all over Europe. The overwhelming success of Brecht and his Ensemble at the
International Theatre Festival at Paris finally consolidated
his European reputation. On 14th August 1956 he died at
his home in East Berlin.

BRECHT THE POET

'In the theatre this man has a very considerable talent,'
wrote Kurt Tucholsky in 1928 in his criticism of Brecht's

Hauspostille, 'and in his verse he has more than that.' He went much further in another remarkable sentence: 'He and Gottfried Benn seem to me the greatest lyrical talents living in Germany today.' It is not very likely that in 1928 many critics would have subscribed to this judgment. But how does it stand now, in the sixties? Benn is considered to be one of the great poets of our time; on the other hand Brecht is now regarded as the greatest German dramatist of the twentieth century. As a playwright, not as a poet, he has won fame throughout the world; and examining his literary work as it lies before us after his death, one is inclined to disagree wholeheartedly with Tucholsky's assessment and to transpose his statement: in poetry a very considerable talent, but on the stage more than that.

And yet in 1928 Tucholsky's statement was more than the subjective utterance of a slightly extravagant critic. It is by no means extravagant to regard the *Hauspostille* as the most remarkable among Brecht's early works, and to say that in his verse, and not in his plays, the young poet found his most perfect expression. The plays written by the young Brecht undoubtedly show the touch of genius; but in originality and formal perfection they cannot compete with the poems of the *Hauspostille*. One might say that just as the later Brecht is the playwright, the early Brecht is the poet. Even in his plays one discovers an innate tendency towards lyrical rather than dramatic form and expression. One could not say the same of his later plays, although even they are interspersed with songs and poems. And though Brecht wrote poems in the thirties and afterwards which are as beautiful, some of them perhaps even more so, as those of his youth, nobody could seriously deny that Brecht reached his peak in plays like *Mutter Courage, Der gute Mensch von Sezuan, Der Kaukasische Kreidekreis.*

BRECHT'S VERSE

In an essay which precedes his *Choice of Kipling's Verse*
(1941), T. S. Eliot said: 'I know of no writer of such great
gifts for whom poetry seems to have been more purely an
instrument. Most of us are interested in the form for its own
sake . . . because we aim at making something which shall
first of all *be*. . . . For Kipling the poem is something which
is intended to *act*.' And comparing him with Dryden he
found: 'For both, wisdom has the primacy over inspiration; and both are more concerned with the world about
them than with their own joys and sorrows, and concerned
with their own feelings in their likeness to those of other
men rather than in their particularity.'

Comparing Brecht's verse with the poetry of the modern
German poets generally regarded as the great lyrical
talents of our century (e.g. Rilke, Trakl, Benn), one
realizes immediately that with Brecht we enter a poetical
world which is different not only in degree but in essence.
To characterize this difference, Mr. Eliot's formulations
might be helpful. Word for word they do in fact describe
most accurately what separates Brecht's poetry from the
lyrical work of the other poets. From the very beginning
Brecht's poems—in spite of the romantic traits they show,
which at first seem to contradict such a characterization—
completely lack that esoteric privacy which is the hall-
mark of most modern verse. They never have the character
of an inner monologue, spoken by the lyrical ego in the
solitude of poetic inspiration. They are something to be
communicated, something written for an audience. The
poet addresses the listener, not the reader, in his verse
which, as Brecht said in an interview in 1926, 'is meant
to be accompanied by banjo and piano and requires a
mimischen Vortrag'. With a sneer he writes in 1927 (in a

polemical article on the poetry of his contemporaries) of
the general tendency to overrate 'pure, lyrical products':
'They simply deviate too far from the original act of the
communication of an idea, or a sentiment which is profit-
able for others too ("Sie entfernen sich einfach zu weit von
der ursprünglichen Geste der Mitteilung eines Gedankens
oder einer auch für Fremde vorteilhaften Empfindung").'
The primacy of wisdom, or more modestly, thought, over
inspiration; the poem as something intended to act; the
poet concerned with his feelings in their likeness to those of
other men, and more concerned with the world about him
than with his own private joys and sorrows—all the traits
that Mr Eliot mentioned are there in Brecht's poetry too.
And there are other, more particular ones, which Mr
Eliot also noted in his consideration of Kipling's verse: a
total lack of obscurity; excessive lucidity; topicality;
occasional character; political associations. The first three
are immediately obvious even in a desultory survey of
Brecht's poetry. There is a complete absence of that hiero-
glyphic imagery of, for example, Georg Trakl. His vocabulary is free from those verbal elements which frequently
turn the reading of Gottfried Benn's poems into a lexico-
graphical exercise. Syntactically Brecht, though in a
highly original and genuinely artistic way, remains within
the limits of normal German grammatical usage. Further,
the political associations of his verse need not be specially
mentioned; and its occasional character is obvious enough
in most of his later poems, though a competent critic was
able to write of Brecht's early poetry as well: it is always
'occasions set down in rhyme (*gedichtete Gelegenheit*)'
(Hans Mayer).

The correspondence between the structure of Brecht's
verse and Kipling's goes still further. Mr Eliot calls
Kipling an 'impersonal' author and points to his special

gift for 'extremely objective types of verse', like the hymn and the epigram, poetic forms that 'can and should be charged with intense feeling, but it must be a feeling that can be completely shared'. To these 'objective' types of verse belongs almost everything the poet Brecht ever wrote, from the *Balladen, Legenden, Chroniken, Songs* of the *Hauspostille*, to the didactic poems, satires, laudations, epistles, and epigrams of his later poetry. He too likes to speak in an 'impersonal' way, whereby the lyrical ego completely disappears behind the subject-matter of the poem. But even when he introduces himself into the poem he does not imagine himself as a particular individual; the first line of one of his early poems is significant: '*Ich z. B. . . .*'. He imagines himself as a member of an actual community on which he is dependent: that of nature, as in most of his early poetry, or that of the *Asphaltstädte*, that of nation, class, political movement, or circle of friends. Even the figure of the anarchist, the anti-bourgeois, in the poems of his youth often belongs to a group. We know from Brecht's biography that, while still in his teens, he gathered about him a circle of friends, of adherents, of 'scholars'. It is part of his 'concern with the world about him', and this concern determined his life as much as his literary work. The latter, drama and verse, derived from it an energetic actuality. His poems are vivid reactions in word and rhythm to the experience of the human condition in our century. They trace the pattern of our present life, drawing the picture of a world which we can share without having to depart from reality. After hearing Brecht recite the poem *An die Nachgeborenen* to some friends, the Swiss writer Max Frisch noted in his diary: 'I don't have to forget anything in order to take the poem seriously. The poem needs no special mood ("setzt keine Stimmung voraus"); and it need not fear any opposite

mood. It need not fear the real world, and it stands firm
even when the bell rings and some unexpected guest
arrives who reports on four years spent in prison.'

THE BALLADS OF THE 'HAUSPOSTILLE'

Bertolt Brecht's *Hauspostille* is the first collection of the
poet's verse, apart from the so-called *Taschenpostille*, of
which only twenty-five copies were privately printed (in
1926) and distributed to his friends. The *Hauspostille* came
out in 1927, but the idea of it seems to be a good deal
older. We find its title mentioned as early as 1922 in a
letter where Brecht says: 'The *Hauspostille* contains the
ballads and has not yet been printed.'

The book contains only a fraction of Brecht's early
verse, the poems fitting into its peculiar pattern. Brecht
arranged it in the form of a domestic breviary, divided into
five sections which are called *Lektionen* (*Bittgänge, Exerzitien,
Chroniken, Mahagonnygesänge, Die kleinen Tageszeiten der Ab-
gestorbenen*), and concluding with an appendix, to which
the famous poem *Vom armen B. B.* belongs. The main bulk
of the fifty poems consists of ballads, and most of the other
poems—which the poet called *Lied, Song, Historie, Legende*
—are also of a ballad-like character.

Ballade is a complex term as used by Brecht and com-
prises poems of differing structures. To distinguish between
them it is best to look at the various models and traditions
which the poet studied and followed. There are ballads
reminiscent of nineteenth-century German balladry. Then
there is the very strong influence of Rudyard Kipling.
'Among his contemporaries Kipling and Wedekind made
the greatest impression upon him,' said Lion Feuchtwanger
of the young Brecht in his epitaph on the poet. The
influence of the British poet is obvious, not only in the
choice of his subjects, but also in the formal pattern of

Brecht's ballads (for example, in his use of the refrain which, as Mr Eliot says in his essay on Kipling, 'can help to insist upon the identity within which a limited range of variation is possible'). Another trait which Brecht has in common with Kipling might be mentioned here, though there need not be any influence in this case: the influence of Biblical imagery and the language of the Authorized Version on Kipling corresponds to the lasting impression which Luther's Bible made on Brecht. His language derives much of its strength and flavour from this source, in imagery as well as in vocabulary and syntax. Another influence on Brecht's ballads comes from François Villon, the oldest of the French *poètes maudits*. Brecht undoubtedly took from Villon the name 'ballad' for a kind of poem which had not yet existed in the tradition of German balladry: a poem that does not speak of a dramatic event or situation, of a remarkable human destiny, but considers in a didactic, moralizing manner, often with a more or less parodistic or satirical touch, the conditions, ways, and maxims of human life in general. The figure of Villon seems to have been something of an exemplary image for the young Brecht, and his influence is much stronger than that of another French *poète maudit*, Arthur Rimbaud. His poetry has not determined the form of Brecht's ballads, but it has left its mark on their language, imagery and some of the themes. Finally, Frank Wedekind must be mentioned, in whose ballads and cabaret-songs the young Brecht found the *Bänkelsang* (popular balladry) imitated; also the social criticism which he incorporated in the *Hauspostille*. And perhaps it was Wedekind's example which led to Brecht's habit of singing his ballads to guitar accompaniment. Feuchtwanger reported that the young Brecht 'used to sing his early ballads in Wedekind's way, shrilly, and with pleasure'; and in an epitaph which

Brecht wrote in 1918 in honour of Wedekind he especially
mentioned the impression which that poet's performance
of his songs made on him: 'Never has a singer filled me
with such enthusiasm and moved me so much.' (It may be
mentioned that Brecht invented his own tunes for his
early ballads. The *Hauspostille* gives the music for some of
them in an appendix.)

THEMES AND MOTIFS OF THE EARLY POETRY

In 1914 an Augsburg newspaper printed the first poems
of the sixteen-year-old Brecht. Not daring to name himself he signed the poems with his Christian names Berthold
Eugen. Two years later the same paper printed *Das Lied
von der Eisenbahntruppe vom Fort Donald*, the earliest poem
Brecht later thought worthy to be included in the *Hauspostille*. It is remarkable how sure the young poet was that
with this poem he had found his own original tone: for the
first time he abandoned the pseudonym and signed it
'Bertolt Brecht'.

This *Lied* is in fact a ballad, telling of the men who laid
down rails 'quer durch amerikanische Wälder' and were
drowned in these forests by never-ending rain and rising
flood. Brecht had found a favourite scene of his early
poetry: America. He had also found one of its dominant
themes: the adventurous, cold-blooded man or gang,
slowly, steadily, and carelessly killed by the even more
cold-blooded elemental forces of nature. In later years
Brecht changed the title of the poem from *Das Lied* von *der
Eisenbahntruppe* into *Das Lied* der *Eisenbahntruppe*, the word
Lied no longer naming the poem itself but the subject of
the poem. The alteration is appropriate, for in fact the
real subject is not the railway-gang but the song which the
gang sings, while waiting defenceless for the end.

Singing in the face of the murderous elemental forces:

this is a recurrent motif in Brecht's early poetry. We find it again in the *Ballade von des Cortez Leuten*, which repeats the theme of the railway-gang ballad. It reappears in the *Ballade von den Seeräubern*: before the sea engulfed them, it was

> Als ob sie, die zur Hölle rasten
> Noch einmal sangen, laut wie nie.

We hear this singing once more in the *Choral vom Manne Baal*, and again in the *Ballade auf vielen Schiffen*:

> Und die Haie hören ihn oft einen Song singen
> Und sie sagen: Er singt einen Song am Marterpfahl.

The sharks here take the place of rain and flood, forest or sea in the other poems as the antagonists of man, waiting to take him as their prey.

We find in this motif the perfect expression of the young poet's attitude towards life and poetry. A comparison with Gottfried Benn can help to differentiate its specific character. Nothingness, Benn declares in his essays and poems, has a provocative effect on man. In the face of it he creates art, he makes poetry; the poem is his answer to the questions of life and death; it is the noblest product of the human mind; in it he establishes his own existence against all natural things which he transcends. Something similar seems to be expressed in Brecht's verse by the motif just illustrated. And yet there is a fundamental difference resulting from Brecht's complete lack of a metaphysics of art such as characterizes Benn's work. In contrast to this poet's intellectualistic divorce of mind and nature, Brecht proves to be from the very beginning a materialist, seeing man as a part of nature, and consequently poetry as something no less natural than all other things on earth. The men in Brecht's poems sing with the same matter-of-factness with which the elements kill them. And like their singing, making poetry is for Brecht a spontaneous, almost physiological act, belonging to the same category as eating, drinking, sleeping, smoking, or making love. In a rather crude way this is expressed in the *Ballade über die Anstrengung*. There is no trace of that heroism of the human mind, of that intellectual aristocratic attitude which impregnates all of Benn's utterances on poetry.

When the sharks in the *Ballade auf vielen Schiffen* say 'Er singt einen Song am Marterpfahl', we must not read this line as a formula of the human condition as man (or the young Brecht) sees it; it is the sharks who say this, not the man who stands there. *He* does not speak of the conditions of life; we only hear what he does and what he feels. He has

> eine Lust in sich: zu versaufen
> Und er hat eine Lust: nicht unterzugehn.

The repeated word *Lust* bears the accent within this seemingly contradictory sentence which is so very elucidative of the spirit of Brecht's early poetry. This spirit is something beyond pessimism and optimism; it is, as a critic (H. Arendt) called it, the spirit of the 'lilies of the fields' (this is the sub-title of one of the poems of the *Hauspostille*). A cruel world is accepted with complete equanimity, so fully and tacitly accepted, that it does not even seem necessary to mention its cruelty explicitly. The young Brecht is a kind of perverted St Francis, calling the tiger, the vultures, and the sharks, the flood and the earthquake his brethren. Most of his verse speaks of death and decay, in a manner which is at the same time cool and rapturous, brutal and tender, but always without sentimentalizing on the transitoriness of life. A bitter but restrained melancholy that lurks in the background of many of these poems never gets the better of the dominating power of the will and lust for life. It is mainly the absence of any tendency to moralize over the human condition which accounts, I think, for their unsentimental attitude. Having accepted that there is no meaning beyond or behind the process of life, the poet simply takes the facts and objects of this world in their particularity and in the suddenness of their appearance, departure, and re-appearance. One of the basic symbols of the ballads is the cloud, slowly dissolving while crossing an unmoved and unmovable sky which with its changing colours signals the passing hours of man's day on earth.

All things which a man can experience in his lifetime are phenomena of nature, and all things are an end in themselves. There is as a rule no connecting factor that would integrate everything into something more meaningful than every single part, in the sequence of objects or events which Brecht's men encounter. Things come and go without why and wherefore. Correspondingly the inhabitants of this poetical world are characterized by the aimlessness of their endeavours. One can find these traits expressed in the imagery and vocabulary of the poems: for example the recurring word and image *treiben* (to drift), *lassen* (to let loose, to leave); *Baal* who *trottet* through the world without direction; or, most significant, the passage of ships and seafarers over the oceans. This meandering of the early Brecht's poetical figures is paralleled by another characteristic trait: their complete lack of reflection. With partly barbaric, partly child-like primitiveness they take possession of life—a primitiveness which allows Brecht the unrestrained and abundant use of such adjectives like *wundersam* or *ungeheuer*, and which explains, on the other hand, the frequency of the word *nackt*.

FORM AND VERSIFICATION OF THE 'HAUSPOSTILLE'- BALLADS

The poems of the *Hauspostille*, with only two exceptions, are rhymed. They are as a rule written in regular stanzas, the lines are constructed according to certain metrical schemata, mostly fairly simple, and they often have a refrain which the poet likes to vary from stanza to stanza.

There is a perfect union of simplicity and artistry in Brecht's shaping of his verse. As to the rhymes, they are usually very plain, often careless. Brecht obviously likes everyday rhymes, and has no fear at all of being banal (all the following examples come from the *Choral vom Manne Baal*): *da-sah*, *Ruh-zu*, *gut-tut*, *auch-Bauch*, *wunderbar-war*. Without hesitation he rhymes identical words or syllables: *ab-hinab*, or repeats the same rhyme (three times) within the poem: *Baal-fahl*. By preference he uses impure rhymes: *will-zuviel*, *zieht-Lid*, and sometimes, though not in *Baal*, even broken rhymes, with their grotesque and malicious flavour. Enjambment occurs most often in poems containing social criticism (cf. *Legende vom toten Soldaten*, *Von der Kindesmörderin Marie Farrar*), where it has the same function as the impure and the broken rhymes often have: to reinforce formally the disharmonies and contradictory elements which mark the subject of the poem. In his essay *Über reimlose Lyrik mit unregelmäßigen Rhythmen* (1939) the poet says of his early works:

'My political knowledge was disgracefully poor at that time: but I was conscious of big discrepancies in social life, and I did not think it my task to neutralize all the disharmonies and interferences which I strongly felt. I captured them in the incidents of my plays and in the lines of my poems; and this was long before I realized their true character and their causes. As can be seen from these texts it was not only a "swimming against the stream" in respect of form, not only a protest against the smoothness and harmony of conventional verse, but always an attempt to show social intercourse as something contradictory, violent, brutal.'

Though enjambment occurs frequently in poems of this kind, one of the main features of the ballads is the unity between meaning and line (i.e. the absence of enjambment). Brecht's verse has this formal element in common with the folk-ballad and folk-poetry, and it certainly has to do with the fact that the poet conceived of his verse as songs, recited to simple tunes of his own invention. This unity between line and meaning also accounts for Brecht's habit of disregarding the rules of punctuation, rarely putting commas, often omitting the full-stop.

While all these features more or less correspond to the seemingly artless simplicity of his writing, Brecht's artistic mastery becomes plain in the rhythmical structure of his poems. He likes to break the flow of the lines, which is determined by a given metrical scheme, by means of syncopation and abrupt changes in the sequence of accented syllables. Brecht himself, in his essay on *Reimlose Lyrik*, points to the *Legende vom toten Soldaten*, where within nineteen stanzas nine different rhythmical patterns in the second line can be found. Similar instances we find in most other poems too. The rhythm is made to fit the meaning and it adjusts itself to every turn of thought, image and incident. For example, let us look at the last stanza of *Das Schiff*:

> Fremde Fischer sagten aus: sie sahen
> Etwas nahen, das verschwamm beim Nahen.
> Eine Insel? Ein verkommnes Floß?
> Etwas fuhr, schimmernd von Möwenkoten
> Voll von Alge, Wasser, Mond und Totem
> Stumm und dick auf den erbleichten Himmel los.

Throughout the whole poem the basic metre is trochaic with an irregular alternation of lines with five or six accents; but there is a continuous divergence between rhythmical pattern and metrical scheme. The first line of the stanza quoted is a rare example of the lack of this divergence:

$$\times - \times - \times - \times / - \times -^1$$

The regular alternation of strong and weak accents corresponds perfectly to the meaning: what the fishermen say is rendered in the factual and bathetic manner of a report. After the caesura in the second line the rhythm changes:

$$\times - \times - / - - \times - \times -$$
$$- - \times - / - - \times - \times$$

The absence of the strong accent after the caesura, causing the series of weak accents, suggests the indistinctness of the object the fishermen have seen (second line), and the uncertainty of their observation (third line). But in the fourth line the statement loses its vagueness, the observed object becomes concrete and acquires attributes: these we know from the previous stanzas as being those of the ship. The rhythmical pattern changes again:

$$\times - \times / \times - - \times - \times -$$

The strong accent before the caesura is not followed by the weak one which we would expect according to the previous lines. Another strong accent follows, the weight of which, intensified by the preceding caesura, energizes the word *schimmernd*. Suddenly, and most intensely, the ship shines forth. In the strength of this one word, bearing—so to speak—a double accent, all the energy is concentrated

----

[1] $\times$ = strong accent,
$-$ = weak accent.

which in the concluding lines drives the ship in a steady rhythm to its pathetic end.

This stanza is, I think, a glorious example of Brecht's artistry, and at the same time a very apt illustration of what the poet later called 'gestische Formulierung' as the fundamental principle of his poetry. As often in his poems, the poet's attitude is that of an objective chronicler, not adding anything to, nor withdrawing anything from what he has seen or heard. He introduces the fishermen as though making a report; yet their statement is not rendered in direct speech, but reported by the poet. The form of the report follows its content in minute detail. The slight pause after the enjambment in the first line expresses perfectly the hesitation of the fishermen: they *saw*—but *what* did they see? Then follows a statement which is completely vague, the series of weak accents as well as the identical internal rhyme (*nahen . . . nahen*) pointing to the unrecognized character of the observed object: nothing more, it seems, can be said, than that the object was identical with itself. Then two questions, reflecting on the nature of the object; and then—after the repeated *etwas* in the fourth line—a new rhythmical unit begins with the syncopation after the caesura, and flows on until the end of the stanza, and the poem. Now we are told—not the name of the unknown object itself, but all those attributes of the ship with which we are already familiar from our reading of the previous stanzas, and which therefore enable us to recognize what the fishermen, who themselves remain in ignorance, have seen.

BRECHT'S VERSE AFTER THE 'HAUSPOSTILLE'

The transition in Brecht's poetry from an irrational concept of life and the world to praise of reason and a socialist commitment leaves its mark on the *Songs* which the poet wrote for a couple of plays and operas during the late twenties, the best known of which is the *Dreigroschenoper*. Elements which were clearly separated in the *Hauspostille* now merge: the social criticism and the compassion for the downtrodden victims of society, and the glorious and frustrated wilderness of the world in which figures like Baal live their lives outside any social order. The ship in *Seeräuber Jenny's* song may be taken as an image of the strange fusion of anarchism and social revolution that characterizes Brecht's works at that time. It is, so to speak, the ship of the communist revolution, but its crew do not deny their relationship to the pirates and adventurers who inhabited the world of the *Hauspostille*-ballads. The bombardment of the city of which the song sings does not herald the establishment of a new social order: it is more like an apocalyptic destruction.

At the same time a new poetical form marks the change in the poet's attitude. The *Lesebuch für Städtebewohner* does away with those traits that gave the early ballads their wild and fascinating beauty. These poems are meant to speak *wie die Wirklichkeit selber*:

> Kalt und allgemein
> Mit den trockensten Wörtern.

There is a total lack of metaphor. Nature is excluded and with it all sensual colours. The world of these poems is the bitter, mechanized reality of the big city. For the people who live in it the line from the *Großer Dankchoral*—'Es kommt nicht auf euch an'—loses its wide, biological sense, and turns into a statement on the conditions of life in modern capitalist society. What formerly determined the character of the world in general now serves to define the existing social order with its violence and unfeeling cruelty. In the *Lesebuch für Städtebewohner* man, who is the victim of this order, still shows many of the characteristic traits of the inhabitants of the *Hauspostille*-world: without sentimentality, grief or illusion he accepts the laws of this world, though he is aware that these laws are not preordained, like those of nature, but are man-made. This fusion of awareness and passive acceptance gives to these poems a touch of almost cynical hopelessness, a mood so bitter and biting that they have a violently provocative effect—similar to the opera *Aufstieg und Fall der Stadt Mahagonny* which belongs to the same period. The inner necessity of Brecht's conversion to Marxism appears nowhere more clearly than here.

Seen as the document of a transitory period in Brecht's development, the *Lesebuch* marks an end and a beginning. For the first time the social conditions of man's life in the modern city is the exclusive theme of the poet; for the last time the poet is content to outline the topography of the social order. From now on he takes this topography as a starting-point for the design of a new and better world, and for an appeal to men to take part in the endeavour to change this old and bad order, if necessary by force. Moral categories, so persistently absent in most of his early verse, become dominating elements within the pattern of his poetical world. Reality is no longer imagined as a timeless and unchanging transitoriness, but as the result of the historical process, and as something which is set as a task for man. The passive experience of the delights and pains of life gives way to a clear determination and resolute activity, the praise of nature to the praise of socialist society, the anti-metaphysical hymns of the *Hauspostille* to the anti-Hitler chorales of the *Lieder Gedichte Chöre*. The poem becomes a means of making the reader conscious of the social relevance of all human action and behaviour. The poet's task is enlightenment, and from the thirties

onwards Brecht hardly wrote another poem which is not
marked by a certain informative and didactic attitude.
The Marxist dialectic way of thinking now often deter-
mines the structure of his verse: the poems are intended to
reveal the contradictory character of all things appertain-
ing to the human condition (e.g. *Die Nachtlager*) and to
show the social reality as something that is in a continuous
state of growing and changing (cf. the poem *Lob der
Dialektik*:

> Wer noch lebt, sage nicht niemals!
> Das Sichere ist nicht sicher.
> So, wie es ist, bleibt es nicht.
> Wenn die Herrschenden gesprochen haben
> Werden die Beherrschten sprechen.

Imagery and metaphors which reappear in the thirties
have lost their romantic flavour and serve as arguments,
in accordance with Brecht's favourite dictum: *Die Wahrheit ist konkret.* Of course there is no room in these poems
for any privacy of feeling, sentiment, will, or thought; the
individual case is made to serve as an example for objective realities. The pragmatic character of this poetry, its
rhetorical and argumentative nature, become obvious in
the didactic, polemic and satirical poems which form the
greater part of Brecht's verse during the thirties. The
Lieder Gedichte Chöre (1934) consist almost exclusively, and
the *Svendborger Gedichte* (1939) largely, of poems of this
type. In the latter collection we also find the sequence of
Chroniken, where ballad, parable, and didactic poem are
fused into a poetic form of masterly perfection. Also to the
Svendborger Gedichte belong a series of poems which are
marked by their 'biographical' character (others are to be
found in the *Steffinische Sammlung*, which was not published
during the poet's lifetime): the poet portrays himself as a

witness of this 'time of disorder', writing a kind of lyrical diary which not only marks the stages of his fate as a political refugee, but the fate of Germany and her neighbouring countries as well.

Developing from his previous acquaintance with the Chinese and Japanese theatre, Brecht's interest in the poetry of the Far East bore fruit during his Danish exile. The traces of this most important influence on his later verse can be found both in the subject-matter and in the formal structure of his poems right up to 1956. Reading Arthur Waley's introduction to his translation of *170 Chinese Poems*—from which collection Brecht translated a few poems into German—one becomes aware of the affinity between the spirit of this poetical world and that of the later Brecht. Chinese verse, Waley says, is marked by reasoning and candid reflection, but not by philosophical subtlety and speculation. Instead of presenting himself in the favourite light of the European poets, as a romantic lover, the Chinese poet recommends himself as a friend, looking 'for sympathy and intellectual companionship'. It is one of the characteristics of Brecht that he liked to stylize his literary—and to a certain degree also his biographical—self according to some image which he found in or composed from poetry, history or life. During the latter part of his life the Chinese sage seems to be the substratum for this exemplary image which is mirrored in many of Brecht's poems, mirrored in a very subtle and original way, and often more as something at which the poet is aiming, than as something which he actually embodies. After the *Hauspostille*, political scorn, rage, hatred, and aggressiveness marked his verse. At the end of the thirties a change in this attitude becomes obvious, though he is far from losing or hiding his political commitment. The fighting Marxist gives way to the Marxian humanist. *Freundlichkeit* becomes one of the key-words of the later Brecht, *Güte* another. 'Intellectual companion- ship' is a good term to describe his new attitude. Without claiming intellectual superiority the poet, authorized by his experience and his learning, presents himself as an adviser and guide to friends and collaborators, to all people of goodwill. The zealous rationality of the early thirties turns into a more relaxed worldly wisdom, gaining warmth and human sympathy. There are even poems which express a new and spontaneous enjoyment of nature, free from all social and political considerations, poems which at the same time reveal a subdued privacy, the tender privacy of a man who has lived long enough and with enough awareness to dare to speak of his own concerns to others.

FORMAL FEATURES OF BRECHT'S LATER POETRY

> Wirklich, ich lebe in finsteren Zeiten!
> Das arglose Wort ist töricht.

These first lines of the poem *An die Nachgeborenen* apply not only to the man living in these dark ages, but also to poetry written by him. The thing of beauty—which Brecht likes to symbolize in the image of the tree—and political reality are at variance. Turning towards the former, one is confronted with the imminent danger of an almost criminal escapism from the latter:

> Was sind das für Zeiten, wo
> Ein Gespräch über Bäume fast ein Verbrechen ist
> Weil es ein Schweigen über so viele Untaten einschließt!

To speak like reality itself, *mit den trockensten Wörtern*, was the poetical programme of the *Lesebuch für Städtebewohner*. There is a similar declaration in one of the poems written in exile; but now the programme has acquired a precise political meaning, and the poet does not want to speak like reality, but as one who is determined to change this reality. Still, *his* words too shall be *dürr* and *trocken*. Some of us, he says, have decided

> Nicht mehr zu reden von Hafenstädten, Schnee auf den
> Dächern, Frauen
> Geruch reifer Äpfel im Keller, Empfindungen des
> Fleisches
> All dem, was den Menschen rund macht und menschlich
> Sondern zu reden nur mehr von der Unordnung
> Also einseitig zu werden, dürr, verstrickt in Geschäfte
> Der Politik und das trockene 'unwürdige' Vokabular
> Der dialektischen Ökonomie.

Fortunately the rigid radicalism of this declaration is not borne out by Brecht's poetry itself. He never forgot that poetry, as poetry, lives and dies with its determination to shun that *Einseitigkeit* which the lines quoted advocate, and to tell of all that *was den Menschen rund macht und menschlich* (*rund:* well-rounded). Though there is hardly one poem written during Brecht's exile that is without any social and political relevance, the poet seldom obeyed his own resolution and found his way between the cliffs of poetical asceticism and poetical escapism. As to the *content* of his verse, poems like *Frühling 1938*, or the greatest of them all, *An die Nachgeborenen*, show the immaculate union of political awareness and actuality with poetical spirit; and as to the poetic *form*, the poet worked out an original and ingenious kind of verse, avoiding both the Scylla of prosaism and the Charybdis of conventional poetry, the smoothness and false harmony of which he denounced in his essay *Über reimlose Lyrik mit unregelmäßigen Rhythmen*.

Rhymeless poetry with irregular rhythms: the title gives a definition of the poetic form that characterizes Brecht's later verse. 'In meinem Lied ein Reim/Käme mir fast vor wie Übermut,' we read in a poem with the significant title *Schlechte Zeit für Lyrik*: there is a discrepancy between rhyme and reality as between time and poetry. The rhyme seems to be an inadequate poetic medium if the poet wants to show 'the very age and body of the time his form and pressure'. By means of rhyme the poem acquires *etwas in sich Geschlossenes*, as Brecht says, a kind of aesthetic self-sufficiency that weakens its power of fastening into the reader's—or listener's—mind. Moreover, the rhyme with its harmonious consonance tends to suggest a correspondence and concord within the poem which it cannot, and must not, have, if the poet bears in mind the perverted and contradictory nature of his time.

Rhymelessness therefore belongs to the formal pattern of Brecht's verse after the *Hauspostille*. There are of course exceptions: the ballads which he wrote during the thirties and later, the vast majority of which display no formal innovations; the poems which he wrote as politically inspired parodies of Christian hymns (*Hitler-Choräle*); the songs which he wrote as political *Gebrauchslyrik* in the literal meaning of the word: songs which are meant to be sung by the masses, and in fact *were* sung by them, and which express a political will and opinion in plain and striking formulas. It is obvious that in such poems the rhyme, as well as the regular stanza and, as a rule, the refrain, is a suitable poetic medium, well able to emphasize the expression of a unity of will and mind among the numerous members of a political movement.

Apart from these poems of a distinctly special character the typically Brechtian poem after the *Hauspostille* is marked by the following formal features: absence of rhyme; irregularly formed stanzas, or none at all; lines of different length; frequent enjambment; lack of any discernible metrical scheme. The structure of these poems is determined by a principle which Brecht called 'gestische Formulierung': *gestisch*—from *Gestus*—being one of the key-words of Brecht's poetic theory. It has its origin in his demand that poetical language has to make itself perceived as a *spoken* language, spoken by a speaker who speaks to communicate information, thought or feeling, to his listeners. 'Die Sprache sollte ganz dem Gestus der sprechenden Person folgen,' says Brecht in his essay on *Reimlose Lyrik*, and this *Gestus* depends not only on *what* the poet wants to say but also on *how* he wants to say it. The more forcibly, emphatically, and—so to speak—plastically this is rendered by his words, the more 'gestisch reich und rein' is the formulation, and, one could add, the more poetic it is.

Through this principle of 'gestische Formulierung' the poet is permitted to abandon all conventional formal elements like rhyme and metre. Only an 'irregular rhythm' remains, a changing, syncopated, *gestische* rhythm, to confirm the poetic, nonprosaic character of the language. This irregular rhythm ought to be distinguished from the so-called 'freie Rhythmen' which frequently occur in German poetry after 1750, as, for example, in many of the poems of the young Goethe. Brecht would not have called them 'irregular', but 'fixed' rhythms.

In the notes to his translation of some Chinese poems from Arthur Waley's selection, Brecht says of one of the Chinese poets: 'His poems are written in simple words, but with great care.' No doubt Brecht had his own poetry in mind when writing this comment. Looking back on the *trockenste Wörter* of the *Lesebuch für Städtebewohner* we observe that his rigid attitude has been moderated; and verbal simplicity is now complemented by neatness of diction. The combination of these qualities is most impressively revealed in the short poems, a favourite form in Brecht's later verse. A maximum of poetic communication in spite of the extreme brevity and verbal simplicity of the poem: this is the characteristic of the epigrams which we find in the *Deutsche Kriegsfibel* of the *Svendborger Gedichte*, and again in the *Steffinische Sammlung* (cf. the poem *1940*: in only a few words two seemingly paradoxical statements reveal the monstrous truth of the time). It also characterizes a peculiar lyrical form which Brecht developed during the last decade of his life. It consists of a few rhymeless lines of differing lengths and is reminiscent of the short Japanese poem called *tanka*. A critic (V. Klotz) has called this type of poem 'ideogrammatic': a situation, a thing, or a remark, heard or read, is stated and reflected upon at the same time; objective description and meditative reasoning are fused, the former embracing or giving rise to the latter. The image of which the poem usually consists sometimes has the character of a symbol, almost in the classical sense of the word, and this is not the only instance in Brecht's later poetry that suggests a similarity with the gnomic poetry which Goethe wrote in his old age.

Main dates in Brecht's Life

1898 10 February, Berthold Eugen Friedrich Brecht born at Augsburg, Bavaria.

1904 Elementary school.

1908 Grammar school (Realgymnasium), Augsburg.

1917 Student at the university of Munich, reading medicine.

1918 Military service.

1919 Resuming his studies at Munich.

1920 Brecht's mother dies. He moves to Munich.

1922 First première of one of Brecht's plays: *Trommeln in der Nacht* at Munich.

1924 Brecht moves to Berlin. 'Dramaturg' at the Deutsche Theater of Max Reinhardt (till 1926).

1927 First co-operation with Kurt Weill: the *Kleine Mahagonny*.

1928 Marriage to Helene Weigel. Première of the *Dreigroschenoper*.

1933 28 February, Brecht leaves Germany. Till 1939 living in Denmark. Occasional visits to Paris, Moscow, New York, London.

1939 April, Brecht moves to Sweden.

1940 April, Brecht moves to Finland.

1941 Via Russia to the United States. 21 July, arrival at San Pedro, California.

1947 November, Brecht returns to Europe and settles at Herrliberg, near Zürich.

1948 First visit to East Berlin.

1949 Autumn, Brecht moves to East Berlin. Foundation of the 'Berliner Ensemble'.

1953 Brecht moves to his last flat: Chausseestrasse 125.

1954 The 'Berliner Ensemble' is given the 'Theater am Schiffbauerdamm' as an independent State Theatre.

1956 14 August, Bertolt Brecht dies in East Berlin.

SELECT BIBLIOGRAPHY

I. Brecht's Verse

Gedichte. Frankfurt a. M., 1960 ff. Complete edition in presumably seven, or eight, volumes. By spring 1964 four volumes had been published, containing poems written between 1913 and 1941.

Bertolt Brechts Taschenpostille. Potsdam, 1926. Privately printed in only a few copies. A reprint came out in (East) Berlin in 1958.

Bertolt Brechts Hauspostille. Berlin, 1927. Almost identical with the *Taschenpostille.* Reprinted Frankfurt, 1951.

Lieder Gedichte Chöre. Paris, 1934. Containing the songs and choruses from the plays *Die Mutter* and *Die Maßnahme,* and political poems mainly written in 1933.

Svendborger Gedichte. London, 1939. Containing poems written in exile in Denmark. Svendborg is the name of the Danish province where Brecht found his 'Zufluchtsstätte'.

Hundert Gedichte. Berlin, 1951. A selection by W. Herzfelde of poems written between 1918 and 1950. Since 1951 there have been several reprints.

Gedichte. Leipzig, 1955. A selection by S. Streller, in Reclams Universalbibliothek, no. 7996/97.

Gedichte und Lieder. Frankfurt a. M., 1956. A selection by P. Suhrkamp, in Bibliothek Suhrkamp, vol. 33.

Ausgewählte Gedichte. Frankfurt a. M., 1961. A selection by S. Unseld, in Suhrkamp Texte, no. 3.

A number of poems and some cycles of poems Brecht published in the copies of his *Versuche* (no. 1–15, 1930–56):

Versuche 2, 1930: Lesebuch für Städtebewohner.
Versuche 6, 1932: Die drei Soldaten.
Versuche 10, 1950: Chinesische Gedichte.
Versuche 11, 1951: Studien.
Versuche 13, 1954: Buckower Elegien.
Versuche 14, 1955: Gedichte aus dem Messingkauf.

An extensive selection of poems by Brecht can be found in *Brecht. Ein Lesebuch für unsere Zeit*, Weimar, 1960. Poems: p. 29–116. Selection by E. Hauptmann and B. Slupianek.

Unpublished poems from Brecht's literary remains have been printed since 1956 in some (East) Berlin journals, especially in *Sinn und Form* and *Neue Deutsche Literatur*.

There is an English translation of poems by Brecht:

Selected Poems, New York, 1947. Fifty (German) poems with English translation by H. R. Hays. Reprinted London, 1959.

II. *Books, essays and articles on Brecht (a selection)*

Though the literature on Bertolt Brecht has grown immensely, the number of studies on Brecht the poet is still comparatively small compared with those on Brecht's dramatic work. The following list contains only studies which deal exclusively or in part with Brecht's poetry and with the poet Brecht. Extensive bibliographical information can be found in:

Nubel, W., 'Bertolt Brecht-Bibliographie', in *Sinn und Form*, Zweites Sonderheft Bertolt Brecht, Berlin, 1957.

Grimm, R., *Bertolt Brecht*, Stuttgart, 1961 (Sammlung Metzler).

Petersen, K.-D., *Bertolt Brecht-Bibliographie* (1957–1962). Arbeitskreis Bertolt Brecht, Nachrichtenbrief 9, Düsseldorf, Mai 1963 (exclusively literature *on* Brecht).

Arendt, H., 'Der Dichter Bertolt Brecht', in *Die Neue Rundschau*, LXI, 1950.

Baumgärtner, K., 'Interpretation und Analyse. Brechts Gedicht "Die Literatur wird durchforscht werden" ', in *Sinn und Form*, 12, 1960.

Benjamin, W., 'Kommentare zu Gedichten von Brecht,' in W. B., *Schriften*, vol. II, Frankfurt a. M., 1955, p. 351–72.

Bloch, E., 'Lied der Seeräuberjenny in der "Dreigroschenoper" ', in E. B., *Verfremdungen* I, Frankfurt a. M., 1962, p. 220–5 (Bibliothek Suhrkamp, vol. 85).

Bunge, H.-J., ' "Das Manifest" von Bertolt Brecht. Notizen zur Entstehungsgeschichte', in *Sinn und Form*, 15, 1963.

Chiarini, P., *Bertolt Brecht*, Bari, 1959.

Dort, B., *Lecture de Brecht*, Paris, 1960.

Esslin, M., *Brecht, a choice of evils. A critical study of the man, his work and his opinions*, London, 1959. There are also an American and a

German edition of this book. One of the most comprehensive studies on Brecht, especially on the problem of his communist engagement.

Fassmann, K., *Brecht. Eine Bildbiographie*, München, 1958.

Frisch, M., *Tagebuch* 1946–1949. Frankfurt a. M., 1950. On Brecht, see p. 223–8, 285–94.

Geissler, R., 'Zur Struktur der Lyrik Bertolt Brechts,' in *Wirkendes Wort*, 8, 1957–58.

Gray, R., *Brecht*, Edinburgh and London, 1961 (Writers and Critics). Interesting on Brecht's theatre, not much on his poetry.

Greenberg, C., 'Bertolt Brecht's Poetry,' in *Partisan Review*, VIII, 1941.

Grimm, R., *Bertolt Brecht: Die Struktur seines Werkes*, Nürnberg, 1959 (3rd ed., 1962). A short and very good introduction to the problems of style and form in Brecht's work.

Grimm, R., *Bertolt Brecht und die Weltliteratur*, Nürnberg, 1961. Lists the various writers outside Germany who influenced Brecht. This small book opens a wide field of future studies.

Grimm, R., *Bertolt Brecht*, Stuttgart, 1961 (Sammlung Metzler). A concise guide to Brecht, with extensive bibliographical notes.

Haas, W., *Bert Brecht*, Berlin, 1958. A short and not very substantial monograph.

Hays, H. R., 'The Poetry of Bertolt Brecht', in *Poetry*, LXVII, 1945.

Heller, P., 'Nihilist into Activist: two phases in the development of Bertolt Brecht', in *Germanic Review*, 28, 1958.

Helwig, W., 'Bert Brechts Poesie und Politik', in *Merkur*, 16, 1962.

Herzfelde, W., 'Der Lyriker Bertolt Brecht', in *Aufbau*, VII, 1951.

Heselhaus, C., 'Die Masken des Bertolt Brecht,' in C. H., *Deutsche Lyrik der Moderne von Nietzsche bis Ywan Goll*. Düsseldorf, 1961, p. 321–38.

Hill, C., 'Bertolt Brecht', in *Symposium*, 15, 1961.

Hinck, W., 'Bertolt Brecht', in Mann-Friedemann, *Deutsche Literatur im 20. Jahrhundert*, vol. 2, Heidelberg 1960, p. 323–44.

Högel, M., *Bertolt Brecht. Ein Porträt*, Augsburg, 1962. A biographical study.

Holthusen, H. E., 'Versuch über Brecht', in H. E. H. *Kritisches Verstehen. Neue Aufsätze zur Literatur*, München, 1961, p. 7–137. An extensive essay, mainly on Brecht's drama, but containing some good comments on the characteristics of his poetry.

Jens, W., 'Poesie und Doktrin. Bertolt Brecht', in W. J., *statt einer literaturgeschichte*, Pfullingen, 1958, p. 159–92.

Kesting, M., *Bertolt Brecht in Selbstzeugnissen und Bilddokumenten*, Hamburg, 1959.

Klotz, V., *Bertolt Brecht, Versuch über das Werk*, Darmstadt, 1957. Now in 2nd edition. One of the best books that have so far been written on Brecht. His poetry is also considered.

Leiser, E. and Aanderaa, J., *Bertolt Brecht*, Oslo, 1958.

Lorenz, H., 'Betrachtung zu Brechts Lyrik,' in *Deutschunterricht*, 11, 1958.

Lüthy, H., 'Vom armen Bert Brecht', in *Der Monat*, 4, 1952, 44.

Mayer, H., 'Gelegenheitsdichtung des jungen Brecht', in *Sinn und Form*, 10, 1958.

Mayer, H., *Bertolt Brecht und die Tradition*, Pfullingen, 1961. An interesting and informative study on Brecht's relations with the literary past, containing many references to Brecht's poetry.

Münsterer, H.O., *Bert Brecht. Erinnerungen aus den Jahren 1917-22*, Zürich, 1963.

Muschg, W., Der Lyriker Bertolt Brecht', in W. M., *Von Trakl zu Brecht*, München, 1961, p. 335-65.

Pfeiffer, J., Über den Lyriker Bertolt Brecht', in *Die Sammlung*, 13, 1958.

Politzer, H., 'Bertolt Brecht', in Petersen, J. (ed.), *Triffst du nur das Zauberwort. Stimmen von heute zur deutschen Lyrik*, Frankfurt-Berlin, 1961, p. 288-99.

Rotermund, E., *Die Parodie in der modernen deutschen Lyrik*. München, 1963.

Schlenstedt, S., 'Brechts Übergan zum sozialistischen Realismus in der Lyrik', in *Weimarer Beiträge*, 1958, Sonderheft.

Schöne, A., 'Bertolt Brecht: "Erinnerung an die Marie A.,"' in Wiese, B. v. (ed.), *Die deutsche Lyrik. Form und Geschichte*, vol. 2, Düsseldorf, 1956, p. 485-94.

Schulz, B., ' "Legende von der Entstehung des Buches Taoteking auf dem Weg des Lao Tse in die Emigration". Zum Tode des Dichters Bertolt Brecht', in *Wirkendes Wort*, 7, 1956-57.

Schumacher, E., *Die dramatischen Versuche Bertolt Brechts 1918-1933*, Berlin, 1955. Though not dealing with Brecht's verse, this book— the most comprehensive and informative study of the early works— is indispensable for all studies of Brecht.

Thieme, K., 'Des Teufels Gebetbuch? Eine Auseinandersetzung mit dem Werke Bertolt Brechts', in *Hochland*, XXIX, 1931-32.

Weideli, W., *Bertolt Brecht*, Paris, 1961.

Willett, J., *The Theatre of Bertolt Brecht. A study from eight aspects*,

London, 1959. In spite of its title this excellent book provides much valuable information on Brecht's verse too.

Wintzen, R., *Bertolt Brecht*, Paris, 1954.

Essays on Brecht and his poetry, by E. Bornemann, H. Eisler, E. Fischer, L. Feuchtwanger, V. Porzner, B. Reich, A. Zweig, are to be found in *Sinn und Form, Zweites Sonderheft Bertolt Brecht*, 1957.

ACKNOWLEDGEMENTS

THE text printed here is reproduced from the standard edition of Brecht's poems, published by Suhrkamp Verlag, of Berlin and Frankfurt, whose permission for this reproduction is gratefully acknowledged.

My thanks are due to Mr Timothy Buck, M.A., Lektor at the Georg-August-Universität, Göttingen, who kindly corrected my English typescript and whose criticism was of very great help to me.

POEMS

Vom armen B.B.

1

Ich, Bertolt Brecht, bin aus den schwarzen Wäldern.
Meine Mutter trug mich in die Städte hinein
Als ich in ihrem Leibe lag. Und die Kälte der Wälder
Wird in mir bis zu meinem Absterben sein.

2

In der Asphaltstadt bin ich daheim. Von allem Anfang   5
Versehen mit jedem Sterbsakrament:
Mit Zeitungen. Und Tabak. Und Branntwein.
Mißtrauisch und faul und zufrieden am End.

3

Ich bin zu den Leuten freundlich. Ich setze
Einen steifen Hut auf nach ihrem Brauch.   10
Ich sage: Es sind ganz besonders riechende Tiere
Und ich sage: Es macht nichts, ich bin es auch.

4

In meine leeren Schaukelstühle vormittags
Setze ich mir mitunter ein paar Frauen
Und ich betrachte sie sorglos und sage ihnen: 15
In mir habt ihr einen, auf den könnt ihr nicht bauen.

5

Gegen Abend versammle ich um mich Männer
Wir reden uns da mit „Gentlemen" an.
Sie haben ihre Füße auf meinen Tischen
20 Und sagen: Es wird besser mit uns. Und ich frage nicht:
Wann?

6

Gegen Morgen in der grauen Frühe pissen die Tannen
Und ihr Ungeziefer, die Vögel, fängt an zu schrein.
Um die Stunde trink ich mein Glas in der Stadt aus und
schmeiße
Den Tabakstummel weg und schlafe beunruhigt ein.

7

25 Wir sind gesessen, ein leichtes Geschlechte
In Häusern, die für unzerstörbare galten
(So haben wir gebaut die langen Gehäuse des Eilands
Manhattan
Und die dünnen Antennen, die das Atlantische Meer
unterhalten).

8

Von diesen Städten wird bleiben: der durch sie hindurch-
ging, der Wind!
30 Fröhlich machet das Haus den Esser: er leert es.
Wir wissen, daß wir Vorläufige sind
Und nach uns wird kommen: nichts Nennenswertes.

9

Bei den Erdbeben, die kommen werden, werde ich hof-
fentlich
Meine Virginia nicht ausgehen lassen durch Bitterkeit
35 Ich, Bertolt Brecht, in die Asphaltstädte verschlagen
Aus den schwarzen Wäldern in meiner Mutter in früher
Zeit.

Großer Dankchoral

1

Lobet die Nacht und die Finsternis, die euch umfangen!
Kommet zuhauf
Schaut in den Himmel hinauf:
Schon ist der Tag euch vergangen.

2

Lobet das Gras und die Tiere, die neben euch leben und 5
    sterben!
Sehet, wie ihr
Lebet das Gras und das Tier
Und es muß auch mit euch sterben.

3

Lobet den Baum, der aus Aas aufwächst jauchzend zum
    Himmel!
Lobet das Aas 10
Lobet den Baum, der es fraß
Aber auch lobet den Himmel.

4

Lobet von Herzen das schlechte Gedächtnis des Himmels!
Und daß er nicht
Weiß euren Nam' noch Gesicht 15
Niemand weiß, daß ihr noch da seid.

5

Lobet die Kälte, die Finsternis und das Verderben!
Schauet hinan:
Es kommet nicht auf euch an
Und ihr könnt unbesorgt sterben. 20

Bericht vom Zeck

Er hat ein Buch geschrieben
Des ich satt bin.
Es stehen sieben mal sieben
Gebote darin.

1

Durch unsere Kinderträume
In dem milchweißen Bett
Spukte um Apfelbäume
Der Mann in Violett.

2

5   Liegend vor ihm im Staube
Sah man: da saß er. Träg.
Und streichelte seine Taube
Und sonnte sich am Weg.

3

Er schätzt die kleinste Gabe
10   Sauft Blut als wie ein Zeck.
Und daß man nur ihn habe
Nimmt er sonst alles weg.

4

Und gabst du für ihn deine
Und andrer Freude her
15   Und liegst dann arm am Steine
Dann kennt er dich nicht mehr.

5

Er spuckt dir gern zum Spaße
Ins Antlitz rein und guckt
Daß er dich ja gleich fasse
20   Wenn deine Wimper zuckt.

6

Am Abend steht er spähend
An deinem Fenster dort
Und merkt sich jedes Lächeln
Und geht beleidigt fort.

7

Und hast du eine Freude   25
Und lachst du noch so leis —
Er hat eine kleine Orgel
Drauf spielt er Trauerweis'.

8

Er taucht in Himmelsbläue
Wenn einer ihn verlacht   30
Und hat doch auch die Säue
Nach seinem Bild gemacht.

9

An keinem sitzt er lieber
Als einst am Totenbett.
Er spukt durchs letzte Fieber   35
Der Kerl in Violett.

Das Schiff

1

Durch die klaren Wasser schwimmend vieler Meere
Löst' ich schaukelnd mich von Ziel und Schwere
Mit den Haien ziehend unter rotem Mond.
Seit mein Holz fault und die Segel schlissen
Seit die Seile modern, die am Strand mich rissen   5
Ist entfernter mir und bleicher auch mein Horizont.

2

Und seit jener hinblich und mich diesen
Wassern die entfernten Himmel ließen
Fühl ich tief, daß ich vergehen soll.
10   Seit ich wußte, ohne mich zu wehren
Daß ich untergehen soll in diesen Meeren
Ließ ich mich den Wassern ohne Groll.

3

Und die Wasser kamen, und sie schwemmten
Viele Tiere in mich, und in fremden
15   Wänden freundeten sich Tier und Tier.
Einst fiel Himmel durch die morsche Decke
Und sie kannten sich in jeder Ecke
Und die Haie blieben gut in mir.

4

Und im vierten Monde schwammen Algen
20   In mein Holz und grünten in den Balken:
Mein Gesicht ward anders noch einmal.
Grün und wehend in den Eingeweiden
Fuhr ich langsam, ohne viel zu leiden
Schwer mit Mond und Pflanze, Hai und Wal.

5

25   Möw' und Algen war ich Ruhestätte
Schuldlos immer, daß ich sie nicht rette.
Wenn ich sinke, bin ich schwer und voll.
Jetzt, im achten Monde, rinnen Wasser
Häufiger in mich. Mein Gesicht wird blasser.
30   Und ich bitte, daß es enden soll.

6

Fremde Fischer sagten aus: sie sahen
Etwas nahen, das verschwamm beim Nahen.
Eine Insel? Ein verkommnes Floß?
Etwas fuhr, schimmernd von Möwenkoten
Voll von Alge, Wasser, Mond und Totem   35
Stumm und dick auf den erbleichten Himmel los.

Ballade von den Abenteurern

1

Von Sonne krank und ganz von Regen zerfressen
Geraubten Lorbeer im zerrauften Haar
Hat er seine ganze Jugend, nur nicht ihre Träume
    vergessen
Lange das Dach, nie den Himmel, der drüber war.

2

O ihr, die ihr aus Himmel und Hölle vertrieben   5
Ihr Mörder, denen viel Leides geschah
Warum seid ihr nicht im Schoß eurer Mütter geblieben
Wo es stille war und man schlief und war da?

3

Er aber sucht noch in absinthenen Meeren
Wenn ihn schon seine Mutter vergißt   10
Grinsend und fluchend und zuweilen nicht ohne Zähren
Immer das Land, wo es besser zu leben ist.

4

Schlendernd durch Höllen und gepeitscht durch Paradiese
Still und grinsend, vergehenden Gesichts
Träumt er gelegentlich von einer kleinen Wiese   15
Mit blauem Himmel drüber und sonst nichts.

Ballade auf vielen Schiffen

1

Brackwasser ist braun, und die alten Schaluppen
Liegen dick und krebsig darin herum.
Mit Laken, einst weiß, jetzt wie kotige Hemden
Am verkommenen Mast, der verault ist und krumm.
5 Die Wassersucht treibt die verschwammten Leiber
Sie wissen nicht mehr, wie das Segeln tut.
Bei Mondlicht und Wind, Aborte der Möwen
Schaukeln sie faul auf der Salzwasserflut.

2

Wer alles verließ sie? Es ziemt nicht zu zählen
10 Jedenfalls sind sie fort und ihr Kaufbrief verjährt
Doch kommt es noch vor, daß einer sich findet
Der nach nichts mehr fragt und auf ihnen fährt.
Er hat keinen Hut, er kommt nackt geschwommen
Er hat kein Gesicht mehr, er hat zuviel Haut!
15 Selbst dies Schiff erschauert noch vor seinem Grinsen
Wenn er von oben seiner Spur im Kielwasser nachschaut.

3

Denn er ist nicht alleine gekommen
Aus dem Himmel nicht, Haie hat er dabei!
Haie sind mit ihm den Weg hergeschwommen
20 Und sie wohnen bei ihm, wo immer er sei.
So stellt er sich ein, der letzte Verführer
So finden sie sich im Vormittagslicht
Und von andern Schiffen löst schwankend sich ein Schiff
Das vor Angst Wasser läßt und vor Reu Salz erbricht.

4

Er schneidet sein letztes Segel zur Jacke   25
Er schöpft seinen Mittagsfisch aus der See
Er liegt in der Sonne und badet am Abend
In des Schiffsrumpfs Wasser reinlich seinen Zeh.
Mitunter aufschauend zum milchigen Himmel
Gewahrt er Möwen. Die fängt er mit Schlingen aus Tang. 30
Mit denen füttert er abends die Haie
Und vertröstet sie so manche Woche lang.

5

Oh, während er kreuzt in den Ostpassatwinden!
Er liegt in den Tauen: verfaulend, ein Aal
Und die Haie hören ihn oft einen Song singen   35
Und sie sagen: Er singt einen Song am Marterpfahl.
Doch an einem Abend im Monat Oktober
Nach einem Tage ohne Gesang
Erscheint er am Heck, und sie hören ihn reden
Und was sagt er? „Morgen ist Untergang."   40

6

Und in folgender Nacht, er liegt in den Tauen
Er liegt und er schläft; denn er ist er gewohnt
Da fühlt er: ein neues Schiff ist gekommen
Und er schaut hinab, und da liegt es im Mond.
Und er nimmt sich ein Herz und steigt grinsend hinüber 45
Er schaut sich nicht um, er kämmt sich sein Haar
Daß er schön ist. Was macht es, daß diese Geliebte
Schlechter als jene Geliebte war?

7

Nichts. Er steht noch einige Zeit an der Bordwand
Und schaut, und es ist ihm vergönnt zu schaun   50

Wie das Schiff jetzt sinkt, das ihm Heimat und Bett war
Und er sieht ein paar Haie zwischen den Tau'n . . .

ı   8

So lebt er weiter, den Wind in den Augen
Auf immer schlechteren Schiffen fort
55   Auf vielen Schiffen, schon halb im Wasser
Und mondweis wechselt er seinen Abort.
Ohne Hut und nackt und mit eigenen Haien.
Er kennt seine Welt. Er hat sie gesehn.
Er hat eine Lust in sich: zu versaufen
60   Und er hat eine Lust: nicht unterzugehn.

Von des Cortez Leuten

Am siebten Tage unter leichten Winden
Wurden die Wiesen heller. Da die Sonne gut war
Gedachten sie zu rasten. Rollten Branntwein
Von ihren Wägen, machten Ochsen los.
5   Die schlachteten sie gegen Abend. Als es kühl ward
Schlug man vom Holz des nachbarlichen Sumpfes
Armdicke Äste, knorrig, gut zu brennen.
Dann schlangen sie gewürztes Fleisch hinunter
Und fingen singend um die neunte Stunde
10   Mit Trinken an. Die Nacht war kühl und grün.
Mit heisrer Kehle, tüchtig vollgesogen
Mit einem letzten, kühlen Blick nach großen Sternen
Entschliefen sie gen Mitternacht am Feuer.
Sie schliefen schwer, doch mancher wußte morgens
15   Daß er die Ochsen einmal brüllen hörte.
Erwacht gen Mittag, sind sie schon im Wald.
Mit glasigen Augen, schweren Gliedern, heben
Sie ächzend sich aufs Knie und sehen staunend
Armdicke Äste, knorrig, um sie stehen

Höher als mannshoch, sehr verwirrt, mit Blattwerk　　20
Und kleinen Blüten süßlichen Geruchs.
Es ist sehr schwül schon unter ihrem Dach
Das sich zu dichten scheint. Die heiße Sonne
Ist nicht zu sehen, auch der Himmel nicht.
Der Hauptmann brüllt als wie ein Stier nach Äxten.　　25
Die liegen drüben, wo die Ochsen brüllen.
Man sieht sie nicht. Mit rauhen Flüchen stolpern
Die Leute im Geviert, ans Astwerk stoßend
Das zwischen ihnen durchgekrochen war.
Mit schlaffen Armen werfen sie sich wild　　30
In die Gewächse, die leicht zittern, so
Als ginge schwacher Wind von außen durch sie.
Nach Stunden Arbeit pressen sie die Stirnen
Schweißglänzend finster an die fremden Äste.
Die Äste wuchsen und vermehrten langsam　　35
Das schreckliche Gewirr. Später, am Abend
Der dunkler war, weil oben Blattwerk wuchs
Saßen sie schweigend, angstvoll und wie Affen
In ihren Käfigen, von Hunger matt.
Nachts wuchs das Astwerk. Doch es mußte Mond sein　40
Es war noch ziemlich hell, sie sahn sich noch.
Erst gegen Morgen war das Zeug so dick
Daß sie sich nimmer sahen, bis sie starben.
Den nächsten Tag stieg Singen aus dem Wald.
Dumpf und verhallt. Sie sangen sich wohl zu.　　45
Nachts ward es stiller. Auch die Ochsen schwiegen.
Gen Morgen war es, als ob Tiere brüllten
Doch ziemlich weit weg. Später kamen Stunden
Wo es ganz still war. Langsam fraß der Wald
In leichtem Wind, bei guter Sonne, still　　50
Die Wiesen in den nächsten Wochen auf.

Ballade von den Geheimnissen jedweden Mannes

1

Jeder weiß, was ein Mann ist. Er hat einen Namen.
Er geht auf der Straße. Er sitzt in der Bar.
Sein Gesicht könnt ihr sehn, seine Stimm könnt ihr hören
Und ein Weib wusch sein Hemd und ein Weib kämmt
    sein Haar.
5 *Aber schlagt ihn tot, es ist nicht schad*
  Wenn er niemals mehr mit Haut und Haar
  Als der Täter seiner Schandtat war
  Und der Täter seiner guten Tat.

2

Und der Fleck ohne Haut auf der Brust, oh, den kennen
10 Sie auch und die Bisse an seinem Hals:
  Die weiß, die sie biß, und sie wird es dir sagen
  Und dem Mann, der die Haut hat: für den Fleck hat sie
    Salz!
  Aber salzt ihn ein, es ist nicht schad
  Wenn er weint, oh, werft ihn auf den Mist
15 *Vor er euch schnell noch sagt, wer er ist.*
  Macht ihn stumm, wenn er um Schweigen bat!

3

Und doch hat er was auf dem Grund seines Herzens
  Und das weiß kein Freund und nicht einmal sein Feind
  Und sein Engel nicht und er selbst nicht, und einstmals
20 Wenn ihr weint, wenn er stirbt: das ist's nicht, daß ihr
    weint.
  Und vergeßt ihr ihn, es ist nicht schad
  Denn ihr seid betrogen ganz und gar
  Weil er niemals, den ihr kanntet, war
  Und der Täter nicht nur seiner Tat.

4

Oh, der kindlich sein Brot mit den erdigen Händen   25
In die Zähne schiebt und es lachend zerkaut:
Die Tiere erbleichten vorm Haifischblicke
Dieser eigentümlichen Augapfelhaut!
Aber lacht mit ihm und seid ihm gut!
Laßt ihn leben, helft ihm etwas auf!   30
Ach, er ist nicht gut, verlaßt euch drauf
Doch ihr wißt nicht, was man euch noch tut!

5

Ihr, die ihr ihn werft in die schmutzgelben Meere
Ihr, die ihr in schwarze Erde ihn grabt:
In dem Sack schwimmt mehr, als ihr wißt, zu den   35
    Fischen
Und im Boden fault mehr, als ihr eingescharrt habt.
Aber grabt nur ein, es ist nicht schad!
Denn das Gras, das er nicht einmal sah
Als er es zertrat, war für den Stier nicht da.
Und der Täter lebt nicht für die Tat!   40

Der Choral vom grossen Baal

I

Als im weißen Mutterschoße aufwuchs Baal
War der Himmel schon so groß und still und fahl
Jung und nackt und ungeheuer wundersam
Wie ihn Baal dann liebte, als Baal kam.

2

Und der Himmel blieb in Lust und Kummer da   5
Auch wenn Baal schlief, selig war und ihn nicht sah:
Nachts er violett und trunken Baal
Baal früh fromm, er aprikosenfahl.

3

In der Sünder schamvollem Gewimmel
10 Lag Baal nackt und wälzte sich voll Ruh:
Nur der Himmel, aber immer Himmel
Deckte mächtig seine Blöße zu.

4

Alle Laster sind zu etwas gut
Und der Mann auch, sagt Baal, der sie tut.
15 Laster sind was, weiß man, was man will.
Sucht euch zwei aus: eines ist zuviel!

5

Seid nur nicht so faul und so verweicht
Denn Genießen ist bei Gott nicht leicht!
Starke Glieder braucht man und Erfahrung auch:
20 Und mitunter stört ein dicker Bauch.

6

Zu den feisten Geiern blinzelt Baal hinauf
Die im Sternenhimmel warten auf den Leichnam Baal.
Manchmal stellt sich Baal tot. Stürzt ein Geier drauf
Speist Baal einen Geier, stumm, zum Abendmahl.

7

25 Unter düstern Sternen in dem Jammertal
Grast Baal weite Felder schmatzend ab.
Sind sie leer, dann trottet singend Baal
In den ewigen Wald zum Schlaf hinab.

8

Und wenn Baal der dunkle Schoß hinunterzieht:
Was ist Welt für Baal noch? Baal ist satt.   30
Soviel Himmel hat Baal unterm Lid
Daß er tot noch grad gnug Himmel hat.

9

Als im dunklen Erdenschoße faulte Baal
War der Himmel noch so groß und still und fahl
Jung und nackt und ungeheuer wunderbar   35
Wie ihn Baal einst liebte, als Baal war.

Legende vom toten Soldaten

1

Und als der Krieg im vierten Lenz
Keinen Ausblick auf Frieden bot
Da zog der Soldat seine Konsequenz
Und starb den Heldentod.

2

Der Krieg war aber noch nicht gar   5
Drum tat es dem Kaiser leid
Daß sein Soldat gestorben war:
Es schien ihm noch vor der Zeit.

3

Der Sommer zog über die Gräber her
Und der Soldat schlief schon   10
Da kam eines Nachts eine militär-
ische ärztliche Kommission.

4

Es zog die ärztliche Kommission
Zum Gottesacker hinaus
15 Und grub mit geweihtem Spaten den
Gefallnen Soldaten aus.

5

Der Doktor besah den Soldaten genau
Oder was von ihm noch da war
Und der Doktor fand, der Soldat war k.v.
20 Und er drückte sich vor der Gefahr.

6

Und sie nahmen sogleich den Soldaten mit
Die Nacht war blau und schön.
Man konnte, wenn man keinen Helm aufhatte
Die Sterne der Heimat sehn.

7

25 Sie schütteten ihm einen feurigen Schnaps
In den verwesten Leib
Und hängten zwei Schwestern in seinen Arm
Und ein halb entblößtes Weib.

8

Und weil der Soldat nach Verwesung stinkt
30 Drum hinkt ein Pfaffe voran
Der über ihn ein Weihrauchfaß schwingt
Daß er nicht stinken kann.

9

Voran die Musik mit Tschindrara
Spielt einen flotten Marsch.
Und der Soldat, so wie er's gelernt   35
Schmeißt seine Beine vom Arsch.

10

Und brüderlich den Arm um ihn
Zwei Sanitäter gehn
Sonst flög er noch in den Dreck ihnen hin
Und das darf nicht geschehn.   40

11

Sie malten auf sein Leichenhemd
Die Farben Schwarz-Weiß-Rot
Und trugen's vor ihm her; man sah
Vor Farben nicht mehr den Kot.

12

Ein Herr im Frack schritt auch voran   45
Mit einer gestärkten Brust
Der war sich als ein deutscher Mann
Seiner Pflicht genau bewußt.

13

So zogen sie mit Tschindrara
Hinab die dunkle Chaussee   50
Und der Soldat zog taumelnd mit
Wie im Sturm die Flocke Schnee.

14

Die Katzen und die Hunde schrein
Die Ratzen im Feld pfeifen wüst:
Sie wollen nicht französisch sein   55
Weil das eine Schande ist.

15

Und wenn sie durch die Dörfer ziehn
Waren alle Weiber da
Die Bäume verneigten sich, Vollmond schien
60   Und alles schrie hurra.

16

Mit Tschindrara und Wiedersehn!
Und Weib und Hund und Pfaff!
Und mitten drin der tote Soldat
Wie ein besoffner Aff.

17

65   Und wenn sie durch die Dörfer ziehn
Kommt's, daß ihn keiner sah
So viele waren herum um ihn
Mit Tschindra und Hurra.

18

So viele tanzten und johlten um ihn
70   Daß ihn keiner sah.
Man konnte ihn einzig von oben noch sehn
Und da sind nur Sterne da.

19

Die Sterne sind nicht immer da
Es kommt ein Morgenrot.
75   Doch der Soldat, so wie er's gelernt
Zieht in den Heldentod.

Von der Kindesmörderin Marie Farrar

1

Marie Farrar, geboren im April
Unmündig, merkmallos, rachitisch, Waise
Bislang angeblich unbescholten, will
Ein Kind ermordet haben in der Weise:
Sie sagt, sie habe schon im zweiten Monat   5
Bei einer Frau in einem Kellerhaus
Versucht, es abzutreiben mit zwei Spritzen
Angeblich schmerzhaft, doch ging's nicht heraus.
Doch ihr, ich bitte euch, wollt nicht in Zorn verfallen
Denn alle Kreatur braucht Hilf von allen.   10

2

Sie habe dennoch, sagt sie, gleich bezahlt
Was ausgemacht war, sich fortan geschnürt
Auch Sprit getrunken, Pfeffer drin vermahlt
Doch habe sie das nur stark abgeführt.
Ihr Leib sei zusehends geschwollen, habe   15
Auch stark geschmerzt, beim Tellerwaschen oft.
Sie selbst sei, sagt sie, damals noch gewachsen.
Sie habe zu Marie gebetet, viel erhofft.
Auch ihr, ich bitte euch, wollt nicht in Zorn verfallen
Denn alle Kreatur braucht Hilf von allen.   20

3

Doch die Gebete hätten, scheinbar, nichts genützt.
Es war auch viel verlangt. Als sie dann dicker war
Hab ihr in Frühmetten geschwindelt. Oft habe sie
        geschwitzt
Auch Angstschweiß, häufig unter dem Altar.
Doch hab den Zustand sie geheimgehalten   25
Bis die Geburt sie nachher überfiel.

Es sei gegangen, da wohl niemand glaubte
Daß sie, sehr reizlos, in Versuchung fiel.
Und ihr, ich bitte euch, wollt nicht in Zorn verfallen
30 *Denn alle Kreatur braucht Hilf von allen.*

4

An diesem Tag, sagt sie, in aller Früh
Ist ihr beim Stiegenwischen so, als krallten
Ihr Nägel in den Bauch. Es schüttelt sie.
Jedoch gelingt es ihr, den Schmerz geheimzuhalten.
35 Den ganzen Tag, es ist beim Wäschehängen
Zerbricht sie sich den Kopf; dann kommt sie drauf
Daß sie gebären sollte, und es wird ihr
Gleich schwer ums Herz. Erst spät geht sie hinauf.
Doch ihr, ich bitte euch, wollt nicht in Zorn verfallen
40 *Denn alle Kreatur braucht Hilf von allen.*

5

Man holte sie noch einmal, als sie lag:
Schnee war gefallen, und sie mußte kehren.
Das ging bis elf. Es war ein langer Tag.
Erst in der Nacht konnt sie in Ruhe gebären.
45 Und sie gebar, so sagt sie, einen Sohn.
Der Sohn war ebenso wie andere Söhne.
Doch sie war nicht, wie andre Mütter sind, obschon
Es liegt kein Grund vor, daß ich sie verhöhne.
Auch ihr, ich bitte euch, wollt nicht in Zorn verfallen
50 *Denn alle Kreatur braucht Hilf von allen.*

6

So laßt sie also weiter denn erzählen
Wie es mit diesem Sohn geworden ist
(Sie wolle davon, sagt sie, nichts verhehlen)
Damit man sieht, wie ich bin und du bist.

Sie sagt, sie sei, nur kurz im Bett, von Übel-   55
keit stark befallen worden, und allein
Hab sie, nicht wissend, was geschehen sollte
Mit Mühe sich bezwungen, nicht zu schrein.
Und ihr, ich bitte euch, wollt nicht in Zorn verfallen
Denn alle Kreatur braucht Hilf von allen.   60

7

Mit letzter Kraft hab sie, so sagt sie, dann
Da ihre Kammer auch eiskalt gewesen
Sich zum Abort geschleppt und dort auch (wann
Weiß sie nicht mehr) geborn ohn Federlesen
So gegen Morgen zu. Sie sei, sagt sie   65
Jetzt ganz verwirrt gewesen, habe dann
Halb schon erstarrt, das Kind kaum halten können
Weil es in den Gesindabort hereinschnein kann.
Und ihr, ich bitte euch, wollt nicht in Zorn verfallen
Denn alle Kreatur braucht Hilf von allen.   70

8

Dann zwischen Kammer und Abort — vorher, sagt sie
Sei noch gar nichts gewesen — fing das Kind
Zu schreien an, das hab sie so verdrossen, sagt sie
Daß sie's mit beiden Fäusten, ohne Aufhörn, blind
So lang geschlagen habe, bis es still war, sagt sie.   75
Hierauf hab sie das Tote noch durchaus
Zu sich ins Bett genommen für den Rest der Nacht
Und es versteckt am Morgen in dem Wäschehaus.
Doch ihr, ich bitte euch, wollt nicht in Zorn verfallen
Denn alle Kreatur braucht Hilf von allen.   80

9

Marie Farrar, geboren im April
Gestorben im Gefängnishaus zu Meißen

Ledige Kindesmutter, abgeurteilt, will
Euch die Gebrechen aller Kreatur erweisen.
85 Ihr, die ihr gut gebärt in saubern Wochenbetten
Und nennt „gesegnet" euren schwangeren Schoß
Wollt nicht verdammen die verworfnen Schwachen
Denn ihr Sünd war schwer, doch ihr Leid groß.
Darum, ich bitte euch, wollt nicht in Zorn verfallen
90 *Denn alle Kreatur braucht Hilf von allen.*

Maria

Die Nacht ihrer ersten Geburt war
Kalt gewesen. In späteren Jahren aber
Vergaß sie gänzlich
Den Frost in den Kummerbalken und rauchenden Ofen
5 Und das Würgen der Nachgeburt gegen Morgen zu.
Aber vor allem vergaß sie die bittere Scham
Nicht allein zu sein
Die dem Armen eigen ist.
Hauptsächlich deshalb
10 Ward es in späteren Jahren zum Fest, bei dem
Alles dabei war.
Das rohe Geschwätz der Hirten verstummte.
Später wurden aus ihnen Könige in der Geschichte.
Der Wind, der sehr kalt war
15 Wurde zum Engelsgesang.
Ja, von dem Loch im Dach, das den Frost einließ, blieb
nur
Der Stern, der hineinsah.
Alles dies
Kam vom Gesicht ihres Sohnes, der leicht war
20 Gesang liebte
Arme zu sich lud

Und die Gewohnheit hatte, unter Königen zu leben
Und einne Stern über sich zu sehen zur Nachtzeit.

Ballade von der Hanna Cash

1

Mit dem Rock von Kattun und dem gelben Tuch
Und den Augen der schwarzen Seen
Ohne Geld und Talent und doch mit genug
Vom Schwarzhaar, das sie offen trug
Bis zu den schwärzeren Zeh'n: 5
Das war die Hanna Cash, mein Kind
Die die „Gentlemen" eingeseift
Die kam mit dem Wind und ging mit dem Wind
Der in die Savannen läuft.

2

Die hatte keine Schuhe und die hatte auch kein Hemd   10
Und die konnte auch keine Choräle!
Und sie war wie eine Katze in die große Stadt ge-
    schwemmt
Eine kleine graue Katze zwischen Hölzer eingeklemmt
Zwischen Leichen in die schwarzen Kanäle.
Sie wusch die Gläser vom Absinth   15
Doch nie sich selber rein
Und doch muß die Hanna Cash, mein Kind
Auch rein gewesen sein.

3

Und sie kam eines Nachts in die Seemannsbar
Mit den Augen der schwarzen Seen   20
Und traf J. Kent mit dem Maulwurfshaar
Den Messerjack aus der Seemannsbar
Und der ließ sie mit sich gehn!

BSP—E

Und wenn der wüste Kent den Grind
25   *Sich kratzte und blinzelte*
Dann spürt die Hanna Cash, mein Kind
Den Blick bis in die Zeh.

4

Sie „kamen sich näher" zwischen Wild und Fisch
Und „gingen vereint durchs Leben"
30   Sie hatten kein Bett und sie hatten keinen Tisch
Und sie hatten selber nicht Wild noch Fisch
Und keinen Namen für die Kinder.
Doch ob Schneewind pfeift, ob Regen rinnt
Ersöff auch die Savann
35   *Es bleibt die Hanna Cash, mein Kind*
Bei ihrem lieben Mann.

5

Der Sheriff sagt, daß er ein Schurke sei
Und die Milchfrau sagt: Er geht krumm.
Sie aber sagt: Was ist dabei?
40   Es ist mein Mann. Und sie war so frei
Und blieb bei ihm. Darum.
Und wenn er hinkt und wenn er spinnt
Und wenn er ihr Schläge gibt:
Es fragt die Hanna Cash, mein Kind
45   *Doch nur: ob sie ihn liebt.*

6

Kein Dach war da, wo die Wiege war
Und die Schläge schlugen die Eltern.
Die gingen zusammen Jahr für Jahr
Aus der Asphaltstadt in die Wälder gar
50   Und in die Savann aus den Wäldern.

Solang man geht in Schnee und Wind
Bis daß man nicht mehr kann
Solang ging die Hanna Cash, mein Kind
Nun mal mit ihrem Mann.

7

Kein Kleid war arm, wie das ihre war   55
Und es gab keinen Sonntag für sie
Keinen Ausflug zu dritt in die Kirschtortenbar
Und keinen Weizenfladen im Kaar
Und keine Mundharmonie.
Und war jeder Tag, wie alle sind   60
Und gab's kein Sonnenlicht:
Es hatte die Hanna Cash, mein Kind
Die Sonn stets im Gesicht.

8

Er stahl wohl die Fische, und Salz stahl sie
So war's. „Das Leben ist schwer."   65
Und wenn sie die Fische kochte, sieh:
So sagten die Kinder auf seinem Knie
Den Katechismus her.
Durch fünfzig Jahr in Nacht und Wind
Sie schliefen in einem Bett.   70
Das war die Hanna Cash, mein Kind
Gott mach's ihr einmal wett.

Die Seeräuber-Jenny oder
Träume eines Küchenmädchens

I

Meine Herren, heute sehen Sie mich Gläser abwaschen
Und ich mache das Bett für jeden.

Und Sie geben mir einen Penny, und ich bedanke mich
    schnell
Und Sie sehen meine Lumpen und dies lumpige Hotel
5 Und sie wissen nicht, mit wem Sie reden.
Aber eines Abends wird ein Geschrei sein am Hafen
Und man fragt: Was ist das für ein Geschrei?
Und man wird mich lächeln sehn bei meinen Gläsern
Und man sagt: Was lächelt die dabei?
10   Und ein Schiff mit acht Segeln
    Und mit fünfzig Kanonen
    Wird liegen am Kai.

2

Und man sagt: Geh, wisch deine Gläser, mein Kind
Und man reicht mir den Penny hin.
15 Und der Penny wird genommen und das Bett wird
    gemacht.
(Es wird keiner mehr drin schlafen in dieser Nacht)
Und Sie wissen immer noch nicht, wer ich bin.
Denn an diesem Abend wird ein Getös sein am Hafen
Und man fragt: Was ist das für ein Getös?
20 Und man wird mich stehen sehen hinterm Fenster
Und man sagt: Was lächelt die so bös?
    Und das Schiff mit acht Segeln
    Und mit fünfzig Kanonen
    Wird beschießen die Stadt.

3

25 Meine Herren, da wird wohl Ihr Lachen aufhören
Denn die Mauern werden fallen hin
Und die Stadt wird gemacht dem Erdboden gleich
Nur ein lumpiges Hotel wird verschont von jedem Streich
Und man fragt: Wer wohnt Besonderer darin?

Und in dieser Nacht wird ein Geschrei um das Hotel sein 30
Und man fragt: Warum wird das Hotel verschont?
Und man wird mich sehen treten aus der Tür gen Morgen
Und man sagt: Die hat darin gewohnt?
    Und das Schiff mit acht Segeln
    Und mit fünfzig Kanonen 35
    Wird beflaggen den Mast.

          4

Und es werden kommen hundert gen Mittag an Land
Und werden in den Schatten treten
Und fangen einen jeglichen aus jeglicher Tür
Und legen ihn in Ketten und bringen vor mir 40
Und fragen: Welchen sollen wir töten?
Und an diesem Mittag wird es still sein am Hafen
Wenn man fragt, wer wohl sterben muß.
Und dann werden Sie mich sagen hören: Alle!
Und wenn dann der Kopf fällt, sag ich: Hoppla! 45
    Und das Schiff mit acht Segeln
    Und mit fünfzig Kanonen
    Wird entschwinden mit mir.

Erinnerung an die Marie A.

          1

An jenem Tag im blauen Mond September
Still unter einem jungen Pflaumenbaum
Da hielt ich sie, die stille bleiche Liebe
In meinem Arm wie einen holden Traum.
Und über uns im schönen Sommerhimmel 5
War eine Wolke, die ich lange sah
Sie war sehr weiß und ungeheuer oben
Und als ich aufsah, war sie nimmer da.

2

Seit jenem Tag sind viele, viele Monde
10 Geschwommen still hinunter und vorbei.
Die Pflaumenbäume sind wohl abgehauen
Und fragst du mich, was mit der Liebe sei?
So sag ich dir: Ich kann mich nicht erinnern
Und doch, gewiß, ich weiß schon, was du meinst.
15 Doch ihr Gesicht, das weiß ich wirklich nimmer
Ich weiß nur mehr: ich küßte es dereinst.

3

Und auch den Kuß, ich hätt ihn längst vergessen
Wenn nicht die Wolke dagewesen wär
Die weiß ich noch und werd ich immer wissen
20 Sie war sehr weiß und kam von oben her.
Die Pflaumenbäume blühn vielleicht noch immer
Und jene Frau hat jetzt vielleicht das siebte Kind
Doch jene Wolke blühte nur Minuten
Und als ich aufsah, schwand sie schon im Wind.

Vom ertrunkenen Mädchen

1

Als sie ertrunken war und hinunterschwamm
Von den Bächen in die größeren Flüsse
Schien der Opal des Himmels sehr wundersam
Als ob er die Leiche begütigen müsse.

2

5 Tang und Algen hielten sich an ihr ein
So daß sie langsam viel schwerer ward.
Kühl die Fische schwammen an ihrem Bein
Pflanzen und Tiere beschwerten noch ihre letzte Fahrt.

3

Und der Himmel ward abends dunkel wie Rauch
Und hielt nachts mit den Sternen das Licht in Schwebe. 10
Aber früh ward er hell, daß es auch
Noch für sie Morgen und Abend gebe.

4

Als ihr bleicher Leib im Wasser verfaulet war
Geschah es (sehr langsam), daß Gott sie allmählich vergaß
Erst ihr Gesicht, dann die Hände und ganz zuletzt erst 15
    ihr Haar.
Dann ward sie Aas in Flüssen mit vielem Aas.

Die Liebenden

Sieh jene Kraniche in großem Bogen!
Die Wolken, welche ihnen beigegeben
Zogen mit ihnen schon, als sie entflogen
Aus einem Leben in ein andres Leben.
In gleicher Höhe und mit gleicher Eile   5
Scheinen sie alle beide nur daneben.
Daß so der Kranich mit der Wolke teile
Den schönen Himmel, den sie kurz befliegen
Daß also keines länger hier verweile
Und keines andres sehe als das Wiegen   10
Des andern in dem Wind, den beide spüren
Die jetzt im Fluge beieinander liegen
So mag der Wind sie in das Nichts entführen
Wenn sie nur nicht vergehen und sich bleiben
So lange kann sie beide nichts berühren   15
So lange kann man sie von jedem Ort vertreiben
Wo Regen drohen oder Schüsse schallen.
So unter Sonn und Monds wenig verschiedenen Scheiben
Fliegen sie hin, einander ganz verfallen.

20 Wohin, ihr? — Nirgend hin. — Von wem davon? — Von
    allen.
Ihr fragt, wie lange sind sie schon beisammen?
Seit kurzem. — Und wann werden sie sich trennen? —
    Bald.
So scheint die Liebe Liebenden ein Halt.

Vom Schwimmen in Seen und Flüssen

1

Im bleichen Sommer, wenn die Winde oben
Nur in dem Laub der großen Bäume sausen
Muß man in Flüssen liegen oder Teichen
Wie die Gewächse, worin Hechte hausen.
5 Der Leib wird leicht im Wasser. Wenn der Arm
Leicht aus dem Wasser in den Himmel fällt
Wiegt ihn der kleine Wind vergessen
Weil er ihn wohl für braunes Astwerk hält.

2

Der Himmel bietet mittags große Stille.
10 Man macht die Augen zu, wenn Schwalben kommen.
Der Schlamm ist warm. Wenn kühle Blasen quellen
Weiß man: ein Fisch ist jetzt durch uns geschwommen.
Mein Leib, die Schenkel und der stille Arm
Wir liegen still im Wasser, ganz geeint
15 Nur wenn die kühlen Fische durch uns schwimmen
Fühl ich, daß Sonne überm Tümpel scheint.

3

Wenn man am Abend von dem langen Liegen
Sehr faul wird, so, daß alle Glieder beißen
Muß man das alles, ohne Rücksicht, klatschend
20 In blaue Flüsse schmeißen, die sehr reißen.

Am besten ist's, man hält's bis Abend aus.
Weil dann der bleiche Haifischhimmel kommt
Bös und gefräßig über Fluß und Sträuchern
Und alle Dinge sind, wie's ihnen frommt.

4

Natürlich muß man auf dem Rücken liegen   25
So wie gewöhnlich. Und sich treiben lassen.
Man muß nicht schwimmen, nein, nur so tun, als
Gehöre man einfach zu Schottermassen.
Man soll den Himmel anschaun und so tun
Als ob einen ein Weib trägt, und es stimmt.   30
Ganz ohne großen Umtrieb, wie der liebe Gott tut
Wenn er am Abend noch in seinen Flüssen schwimmt.

Vom Klettern in Bäumen

1

Wenn ihr aus eurem Wasser steigt am Abend —
Denn ihr müßt nackt sein, und die Haut muß weich
    sein —
Dann steigt auch noch auf eure großen Bäume
Bei leichtem Wind. Auch soll der Himmel bleich sein.
Sucht große Bäume, die am Abend schwarz   5
Und langsam ihre Wipfel wiegen, aus!
Und wartet auf die Nacht in ihrem Laub
Und um die Stirne Mahr und Fledermaus!

2

Die kleinen harten Blätter im Gesträuche
Zerkerben euch den Rücken, den ihr fest   10
Durchs Astwerk stemmen müßt; so klettert ihr
Ein wenig ächzend höher ins Geäst.

Es ist ganz schön, sich wiegen auf dem Baum!
Doch sollt ihr euch nicht wiegen mit den Knien
15   Ihr sollt dem Baum so wie sein Wipfel sein:
Seit hundert Jahren abends: er wiegt ihn.

Aus einem Lesebuch für Städtebewohner

8

Laßt eure Träume fahren, daß man mit euch
Eine Ausnahme machen wird.
Was eure Mutter euch sagte
Das war unverbindlich.

5   Laßt euren Kontrakt in der Tasche
Er wird hier nicht eingehalten.

Laßt nur eure Hoffnungen fahren
Daß ihr zu Präsidenten ausersehen seid.
Aber legt euch ordentlich ins Zeug
10   Ihr müßt euch ganz anders zusammennehmen
Daß man euch in der Küche duldet.

Ihr müßt das ABC noch lernen.
Das ABC heißt:
Man wird mit euch fertig werden.

15   Denkt nur nicht nach, was ihr zu sagen habt:
Ihr werdet nicht gefragt.
Die Esser sind vollzählig
Was hier gebraucht wird, ist Hackfleisch.

[Aber das soll euch
20   Nicht entmutigen!]

9

Vier Aufforderungen an einen Mann von verschiedener
Seite zu verschiedenen Zeiten

Hier hast du ein Heim
Hier ist Platz für deine Sachen.
Stelle die Möbel um nach deinem Geschmack
Sage, was du brauchst
Da ist der Schlüssel   5
Hier bleibe.

Es ist eine Stube da für uns alle
Und für dich ein Zimmer mit einem Bett.
Du kannst mitarbeiten im Hof
Du hast deinen eigenen Teller   10
Bleibe bei uns.

Hier ist deine Schlafstelle
Das Bett ist noch ganz frisch
Es lag erst ein Mann drin.
Wenn du heikel bist   15
Schwenke deinen Zinnlöffel in dem Bottich da
Dann ist er wie ein frischer
Bleibe ruhig bei uns.

Das ist die Kammer
Mach schnell, oder du kannst auch dableiben   20
Eine Nacht, aber das kostet extra.
Ich werde dich nicht stören
Übrigens bin ich nicht krank.
Du bist hier so gut aufgehoben wie woanders.
Du kannst also dableiben.   25

10

Wenn ich mit dir rede
Kalt und allgemein
Mit den trockensten Wörtern
Ohne dich anzublicken
5 (Ich erkenne dich scheinbar nicht
In deiner besonderen Artung und Schwierigkeit)

So rede ich doch nur
Wie die Wirklichkeit selber
(Die nüchterne, durch deine besondere Artung unbestech-
    liche
10 Deiner Schwierigkeit überdrüssige)
Die du mir nicht zu erkennen scheinst.

Aus den zum Lesebuch für Städtebewohner gehörigen Gedichten

8

Oft in der Nacht träume ich, ich kann
Meinen Unterhalt nicht mehr verdienen.
Die Tische, die ich mache, braucht
Niemand in diesem Land. Die Fischhändler sprechen
5   Chinesisch.

Meine nächsten Anverwandten
Schauen mir fremd ins Gesicht
Die Frau, mit der ich sieben Jahre schlief
Grüßt mich höflich im Hausflur und
10   Geht lächelnd
Vorbei.

Ich weiß
Daß die letzte Kammer schon leer steht
Die Möbel schon weggeräumt sind
Die Matratze schon zerschlitzt					15
Der Vorhang schon abgerissen ist.
Kurz, es ist alles bereit, mein
Trauriges Gesicht
Zum Erblassen zu bringen.

Die Wäsche, im Hof zum Trocknen aufgehängt			20
Ist meine Wäsche, ich erkenne sie gut.
Näher hinblickend, sehe ich
Allerdings
Nähte darinnen und angesetzte Stücke.
Es scheint								25
Ich bin ausgezogen. Jemand anderes
Wohnt jetzt hier und
Sogar in
Meiner Wäsche.

15

Es war leicht, ihn zu bekommen.
Es war möglich am zweiten Abend.
Ich wartete auf den dritten (und wußte
Das heißt etwas riskieren)
Dann sagte er lachend: das Badesalz ist es			5
Nicht dein Haar!
Aber es war leicht, ihn zu bekommen.

Ich ging einen Monat lang gleich nach der Umarmung.
Ich blieb jeden dritten Tag weg.
Ich schrieb nie.								10
Aber bewahre einen Schnee im Topf auf!
Er wird schmutzig von selbst.

Ich tat noch mehr als ich konnte
Als es schon aus war.

15 Ich habe die Mentscher hinausgeworfen
Die bei ihm schliefen, als sei es in der Ordnung
Ich habe es lachend getan und weinend.
Ich habe den Gashahn geöffnet
Fünf Minuten bevor er kam. Ich habe
20 Geld auf seinen Namen geliehen:
Es hat nichts geholfen.

Aber eines Nachts schlief ich
Und eines Morgens stand ich auf
Da wusch ich mich vom Kopf bis zum Zeh
25 Aß und sagte zu mir:
Das ist fertig.

Die Wahrheit ist:
Ich habe noch zweimal mit ihm geschlafen
Aber, bei Gott und meiner Mutter:
30 Es war nichts.
Wie alles vorübergeht, so verging
Auch das.

Die Nachtlager

Ich höre, daß in New York
An der Ecke der 26. Straße und des Broadway
Während der Wintermonate jeden Abend ein Mann steht
Und den Obdachlosen, die sich ansammeln
5 Durch Bitten an Vorübergehende ein Nachtlager ver-
schafft.

Die Welt wird dadurch nicht anders
Die Beziehungen zwischen den Menschen bessern sich nicht

Das Zeitalter der Ausbeutung wird dadurch nicht
    verkürzt
Aber einige Männer haben ein Nachtlager
Der Wind wird von ihnen eine Nacht lang abgehalten   10
Der ihnen zugedachte Schnee fällt auf die Straße.

Leg das Buch nicht nieder, der du das liesest, Mensch.

Einige Menschen haben ein Nachtlager
Der Wind wird von ihnen eine Nacht lang abgehalten
Der ihnen zugedachte Schnee fällt auf die Straße   15
Aber die Welt wird dadurch nicht anders
Die Beziehungen zwischen den Menschen bessern sich
    dadurch nicht
Das Zeitalter der Ausbeutung wird dadurch nicht ver-
    kürzt.

Gesang der Reiskahnschlepper

In der Stadt oben am Fluß
Gibt es für uns einen Mundvoll Reis
Aber der Kahn ist schwer, der hinauf soll
Und das Wasser fließt nach unten.
Wir werden nie hinaufkommen.   5
    Zieht rascher, die Mäuler
    Warten auf das Essen.
    Zieht gleichmäßig. Stoßt nicht
    Den Nebenmann.

Die Nacht kommt schon bald. Das Lager   10
Zu klein für eines Hundes Schatten
Kostet einen Mundvoll Reis.
Weil das Ufer zu glatt ist
Kommen wir nicht vom Fleck.

15   Zieht rascher, die Mäuler
            Warten auf das Essen.
            Zieht gleichmäßig. Stoßt nicht
            Den Nebenmann.

            Länger als wir
20   Hält das Tau, das in die Schultern schneidet.
            Die Peitsche des Aufsehers
            Hat vier Geschlechter gesehen.
            Wird sind nicht das letzte.
               Zieht rascher, die Mäuler
25   Warten auf das Essen.
               Zieht gleichmäßig. Stoßt nicht
               Den Nebenmann.

            Unsere Väter zogen den Kahn von der Flußmündung
            Ein Stück weit höher. Unsere Kinder
30   Werden die Quelle erreichen, wir
            Sind dazwischen.
               Zieht rascher, die Mäuler
               Warten auf das Essen.
               Zieht gleichmäßig. Stoßt nicht
35   Den Nebenmann.

            Im Kahn ist Reis. Der Bauer, der
            Ihn geerntet hat, bekam
            Eine Handvoll Münzen, wir
            Kriegen noch weniger. Ein Ochse
40   Wäre teurer. Wir sind zu viele.
               Zieht rascher, die Mäuler
               Warten auf das Essen.
               Zieht gleichmäßig. Stoßt nicht
               Den Nebenmann.

Wenn der Reis in der Stadt ankommt   45
Und die Kinder fragen, wer
Den schweren Kahn geschleppt hat, heißt es:
Er ist geschleppt worden.
    Zieht rascher, die Mäuler
    Warten auf das Essen.   50
    Zieht gleichmäßig. Stoßt nicht
    Den Nebenmann.

Das Essen von unten kommt
Zu den Essern oben. Die
Es schleppen, haben   55
Nicht gegessen.

Lied der Starenschwärme

1

Wir sind aufgebrochen im Monat Oktober
In der Provinz Suiyuan
Wir sind rasch geflogen in südlicher Richtung, ohne
    abzuweichen
Durch vier Provinzen fünf Tage lang.
    Fliegt rascher, die Ebenen warten   5
    Die Kälte nimmt zu und
    Dort ist Wärme.

2

Wir sind aufgebrochen und waren achttausend
Aus der Provinz Suiyuan
Wir sind mehr geworden täglich um Tausende, je weiter 10
    wir kamen
Durch vier Provinzen fünf Tage lang.
    Fliegt rascher, die Ebenen warten
    Die Kälte nimmt zu und
    Dort ist Wärme.

3

15   Wir überfliegen jetzt die Ebene
    In der Provinz Hunan
    Wir sehen unter uns große Netze und wissen
    Wohin wir geflogen sind fünf Tage lang:
      Die Ebenen haben gewartet
20   Die Wärme nimmt zu und
      Der Tod ist uns sicher.

Die Ballade vom Wasserrad

1

Von den Großen dieser Erde
Melden uns die Heldenlieder:
Steigend auf so wie Gestirne
Gehn sie wie Gestirne nieder.
5 Das klingt tröstlich, und man muß es wissen.
Nur: für uns, die sie ernähren müssen
Ist das leider immer ziemlich gleich gewesen.
Aufstieg oder Fall: wer trägt die Spesen?
    Freilich dreht das Rad sich immer weiter
10   Daß, was oben ist, nicht oben bleibt.
    Aber für das Wasser unten heißt das leider
    Nur: daß es das Rad halt ewig treibt.

2

Ach, wir hatten viele Herren
Hatten Tiger und Hyänen
15 Hatten Adler, hatten Schweine
Doch wir nährten den und jenen.
Ob sie besser waren oder schlimmer:
Ach, der Stiefel glich dem Stiefel immer
Und uns trat er. Ihr versteht: ich meine
20 Daß wir keine andern Herren brauchen, sondern keine!

Freilich dreht das Rad sich immer weiter
Daß, was oben ist, nicht oben bleibt.
Aber für das Wasser unten heißt das leider
Nur: daß es das Rad halt ewig treibt.

3

Und sie schlagen sich die Köpfe   25
Blutig, raufend um die Beute
Nennen andre gierige Tröpfe
Und sich selber gute Leute.
Unaufhörlich sehn wir sie einander grollen
Und bekämpfen. Einzig und alleinig   30
Wenn wir sie nicht mehr ernähren wollen
Sind sie sich auf einmal völlig einig.
    Denn dann dreht das Rad sich nicht mehr weiter
    Und das heitre Spiel, es unterbleibt
    Wenn das Wasser endlich mit befreiter   35
    Stärke seine eigne Sach betreibt.

Das Lied von der Moldau

Am Grunde der Moldau wandern die Steine.
Es liegen drei Kaiser begraben in Prag.
Das Große bleibt groß nicht und klein nicht das Kleine.
Die Nacht hat zwölf Stunden, dann kommt schon der Tag.

Es wechseln die Zeiten. Die riesigen Pläne   5
Der Mächtigen kommen am Ende zum Halt.
Und gehn sie einher auch wie blutige Hähne
Es wechseln die Zeiten, da hilft kein Gewalt.

Am Grunde der Moldau wandern die Steine.
Es liegen drei Kaiser begraben in Prag.   10
Das Große bleibt groß nicht und klein nicht das Kleine.
Die Nacht hat zwölf Stunden, dann kommt schon der Tag.

Der Gedanke in den Werken der Klassiker

Nackt und ohne Behang
Tritt er vor dich hin, ohne Scham, denn er ist
Seiner Nützlichkeit sicher. Es bekümmert ihn nicht
Daß du ihn schon kennst, ihm genügt es
5 Daß du ihn vergessen hast
Er spricht
Mit der Grobheit der Größe. Ohne Umschweife
Ohne Einleitung
Tritt er auf, gewohnt
10 Beachtung zu finden, seiner Nützlichkeit wegen.
Sein Hörer ist das Elend, das keine Zeit hat.
Kälte und Hunger wachen
Über die Aufmerksamkeit der Hörer. Die geringste
Unaufmerksamkeit
Verurteilt sie zum sofortigen Untergang.
15 Tritt er aber so herrisch auf
So zeigt er doch, daß er ohne seine Hörer nichts ist
Weder gekommen wäre, noch wüßte
Wohin gehen oder wo bleiben
Wenn sie ihn nicht aufnehmen. Ja, von ihnen nicht
belehrt
20 Den gestern noch Unwissenden
Verlöre er schnell seine Kraft und verkäme eilig.

Lob des Zweifels

Gelobt sei der Zweifel! Ich rate euch, begrüßt mir
Heiter und mit Achtung den
Der euer Wort wie einen schlechten Pfennig prüft!
Ich wollte, ihr wäret weise und gäbt
5 Euer Wort nicht allzu zuversichtlich.

Lest die Geschichte und seht
In wilder Flucht die unbesieglichen Heere.
Allenthalben
Stürzen unzerstörbare Festungen ein und
Wenn die auslaufende Armada unzählbar war　　　10
Die zurückkehrenden Schiffe
Waren zählbar.

So stand eines Tages ein Mann auf dem unbesteigbaren
　　　Berg
Und ein Schiff erreichte das Ende des
Unendlichen Meers.　　　　　　　　　　15

O schönes Kopfschütteln
Über der unbestreitbaren Wahrheit!
O tapfere Kur des Arztes
An dem rettungslos verlorenen Kranken!

Schönster aller Zweifel aber　　　　　　　　20
Wenn die verzagten Geschwächten den Kopf heben und
An die Stärke ihrer Unterdrücker
Nicht mehr glauben!

O, wie war doch der Lehrsatz mühsam erkämpft!
Was hat er an Opfern gekostet!　　　　　　　25
Daß dies so ist und nicht etwa so
Wie schwer wars zu sehen doch!
Aufatmend schrieb ihn ein Mensch eines Tags in das
　　　Merkbuch des Wissens ein.

Lange steht er vielleicht nun da drin und viele Ge-
　　　schlechter
Leben mit ihm und sehn ihn als ewige Weisheit　　30

Und es verachten die Kundigen alle, die ihn nicht wissen.
Und dann mag es geschehn, daß ein Argwohn entsteht,
    denn neue Erfahrung
Bringt den Satz in Verdacht. Der Zweifel erhebt sich.
Und eines anderen Tags streicht ein Mensch im Merkbuch
    des Wissens
35 Bedächtig den Satz durch.

Von Kommandos umbrüllt, gemustert
Ob seiner Tauglichkeit von bärtigen Ärzten, inspiziert
Von strahlenden Wesen mit goldenen Abzeichen, ermahnt
Von feierlichen Pfaffen, die ihm ein von Gott selber
    verfaßtes Buch um die Ohren schlagen
40 Belehrt
Von ungeduldigen Schulmeistern steht der Arme und
    hört
Daß die Welt die beste der Welten ist und daß das Loch
Im Dach seiner Kammer von Gott selber geplant ist.
Wirklich, er hat es schwer
45 An dieser Welt zu zweifeln.

Schweißtriefend bückt sich der Mann, der das Haus baut,
    in dem er nicht wohnen soll.
Aber es schuftet schweißtriefend auch der Mann, der sein
    eigenes Haus baut.
Da sind die Unbedenklichen, die niemals zweifeln.
Ihre Verdauung ist glänzend, ihr Urteil ist unfehlbar.
50 Sie glauben nicht den Fakten, sie glauben nur sich. Im
    Notfall
Müssen die Fakten dran glauben. Ihre Geduld mit sich
    selber
Ist unbegrenzt. Auf Argumente
Hören sie mit dem Ohr des Spitzels.

Den Unbedenklichen, die niemals zweifeln
Begegnen die Bedenklichen, die niemals handeln.   55
Sie zweifeln nicht, um zur Entscheidung zu kommen, sondern
Um der Entscheidung auszuweichen. Köpfe
Benützen sie nur zum Schütteln. Mit besorgter Miene
Warnen sie die Insassen sinkender Schiffe vor dem Wasser.
Unter der Axt des Mörders   60
Fragen sie sich, ob er nicht auch ein Mensch ist.
Mit der gemurmelten Bemerkung
Daß die Sache noch nicht durchforscht ist, steigen sie ins Bett.
Ihre Tätigkeit besteht in Schwanken.
Ihr Lieblingswort ist: nicht spruchreif.   65
Freilich, wenn ihr den Zweifel lobt
So lobt nicht
Das Zweifeln, das ein Verzweifeln ist!
Was hilft Zweifeln können dem
Der nicht sich entschließen kann!   70
Falsch mag handeln
Der sich mit zu wenigen Gründen begnügt
Aber untätig bleibt in der Gefahr
Der zu viele braucht.

Du, der du ein Führer bist, vergiß nicht   75
Daß du es bist, weil du an Führern gezweifelt hast!
So gestatte den Geführten
Zu zweifeln!

Fragen eines lesenden Arbeiters

Wer baute das siebentorige Theben?
In den Büchern stehen die Namen von Königen.
Haben die Könige die Felsbrocken herbeigeschleppt?

Und das mehrmals zerstörte Babylon —
5 Wer baute es so viele Male auf? In welchen Häusern
Des goldstrahlenden Lima wohnten die Bauleute?
Wohin gingen an dem Abend, wo die chinesische Mauer
fertig war
Die Maurer? Das große Rom
Ist voll von Triumphbögen. Wer errichtete sie? Über wen
10 Triumphierten die Cäsaren? Hatte das vielbesungene
Byzanz
Nur Paläste für seine Bewohner? Selbst in dem sagen-
haften Atlantis
Brüllten in der Nacht, wo das Meer es verschlang
Die Ersaufenden nach ihren Sklaven.

Der junge Alexander eroberte Indien.
15 Er allein?
Cäsar schlug die Gallier.
Hatte er nicht wenigstens einen Koch bei sich?
Philipp von Spanien weinte, als seine Flotte
Untergegangen war. Weinte sonst niemand?
20 Friedrich der Zweite siegte im Siebenjährigen Krieg. Wer
Siegte außer ihm?

Jede Seite ein Sieg.
Wer kochte den Siegesschmaus?
Alle zehn Jahre ein großer Mann.
25 Wer bezahlte die Spesen?

So viele Berichte.
So viele Fragen.

Der Schuh des Empedokles

1

Als Empedokles, der Agrigenter
Sich die Ehrungen seiner Mitbürger erworben hatte
    zugleich
Mit den Gebrechen des Alters
Beschloß er zu sterben. Da er aber
Einige liebte, von denen er wieder geliebt ward   5
Wollte er nicht zunichte werden vor ihnen, sondern
Lieber zu Nichts.
Er lud sie zum Ausflug, nicht alle
Einen oder den andern ließ er auch weg, so in die Auswahl
Und das gesamte Unternehmen   10
Zufall zu mengen.
Sie bestiegen den Ätna.
Die Mühe des Steigens
Erzeugte Schweigen. Niemand vermißte
Weise Worte. Oben   15
Schnauften sie aus, zum gewohnten Pulse zu kommen
Beschäftigt mit Aussicht, fröhlich, am Ziel zu sein.
Unbemerkt verließ sie der Lehrer.
Als sie wieder zu sprechen begannen, merkten sie
Noch nichts, erst später   20
Fehlte hier und da ein Wort, und sie sahen sich um nach
    ihm.
Er aber ging da schon längst um die Bergkuppe
Nicht so sehr eilend. Einmal
Blieb er stehen, da hörte er
Wie entfernt weit hinter der Kuppe   25
Das Gespräch wieder anhub. Die einzelnen Worte
Waren nicht mehr zu verstehen: das Sterben hatte
    begonnen.
Als er am Krater stand

Abgewandten Gesichts, nicht wissen wollend das Weitere
30 Das ihn nicht mehr betraf, bückte der Alte sich lang-
        sam
Löste sorglich den Schuh vom Fuß und warf ihn lächelnd
Ein paar Schritte seitwärts, so daß er nicht allzubald
Gefunden würd, aber doch rechtzeitig, nämlich
Bevor er verfault wär. Dann erst
35 Ging er zum Krater. Als seine Freunde
Ohne ihn und ihn suchend zurückgekehrt waren
Find durch die nächsten Wochen und Monate mählich
Jetzt sein Absterben an, so wie er's gewünscht hatte.
        Immer noch
Warteten einige auf ihn, während schon andre
40 Ihn gestorben gaben. Immer noch stellten
Einige ihre Fragen zurück bis zu seiner Wiederkehr,
        während schon andere
Selber die Lösung versuchten. Langsam, wie Wolken
Sich entfernen am Himmel, unverändert, nur kleiner
        werdend
Weiter weichend, wenn man nicht hinsieht, entfernter
45 Wenn man sie wieder sucht, vielleicht schon verwechselt
        mit andern
So entfernte er sich aus ihrer Gewohnheit, gewöhnlicher-
        weise.
Dann erwuchs ein Gerücht
Er sei nicht gestorben, da er nicht sterblich gewesen sei,
        hieß es.
Geheimnis umgab ihn. Es wurde für möglich gehalten
50 Daß außer Irdischem Anderes sei, daß der Lauf des
        Menschlichen
Abzuändern sei für den Einzelnen: solches Geschwätz kam
        auf.
Aber zu dieser Zeit ward dann sein Schuh gefunden, der
        aus Leder

Der greifbare, abgetragene, der irdische! Hinterlegt für
  jene, die
Wenn sie nicht sehen, sogleich mit dem glauben beginnen.
Seiner Tage Ende   55
War so wieder natürlich. Er war wie ein andrer gestorben.

                                    2

Andere wieder beschreiben den Vorgang
Anders: Dieser Empedokles habe
Wirklich versucht, sich göttliche Ehren zu sichern
Und durch geheimnisvolles Entweichen, durch einen 60
  schlauen
Zeugenlosen Sturz in den Ätna die Sage begründen
  wollen, er
Sei nicht von der menschlichen Art, den Gesetzen des
  Verfalls
Nicht unterworfen. Dabei dann
Habe sein Schuh ihm den Possen gespielt, in menschliche
  Hände zu fallen.
(Einige sagen sogar, der Krater selber, verärgert   65
Über solches Beginnen, habe den Schuh des Entarteten
Einfach ausgespien.) Aber da glauben wir lieber:
Wenn er den Schuh tatsächlich nicht auszog, hätte er eher
Nur unsere Dummheit vergessen und nicht bedacht, wie
  wir eilends
Dunkles noch dunkler machen wollen und lieber das 70
  Ungereimte
Glauben, als suchen nach einem zureichenden Grund.
  Und dann hätte der Berg —
Zwar nicht empört über solche Nachlässigkeit oder gar
  glaubend
Jener hätte uns täuschen wollen, um göttliche Ehren zu
  heimsen

(Denn der Berg glaubt nichts und ist mit uns nicht
   beschäftigt)
75 Aber doch eben Feuer speiend wie immer — den Schuh
   uns
   Ausgeworfen, und so hielten die Schüler —
   Schon beschäftigt, großes Geheimnis zu wittern
   Tiefe Metaphysik zu entwickeln, nur allzu beschäftigt! —
   Plötzlich bekümmert den Schuh des Lehrers in Händen,
   den greifbaren
80 Abgetragenen, den aus Leder, den irdischen.

Legende von der Entstehung des Buches Taoteking auf dem Weg des Laotse in die Emigration

1

Als er Siebzig war und war gebrechlich
Drängte es den Lehrer doch nach Ruh
Denn die Güte war im Lande wieder einmal schwächlich
Und die Bosheit nahm an Kräften wieder einmal zu.
5 Und er gürtete den Schuh.

2

Und er packte ein, was er so brauchte:
Wenig. Doch es wurde dies und das.
So die Pfeife, die er immer abends rauchte
Und das Büchlein, das er immer las.
10 Weißbrot nach dem Augenmaß.

3

Freute sich des Tals noch einmal und vergaß es
Als er ins Gebirg den Weg einschlug.
Und sein Ochse freute sich des frischen Grases
Kauend, während er den Alten trug.
15 Denn dem ging es schnell genug.

4

Doch am vierten Tag im Felsgesteine
Hat ein Zöllner ihm den Weg verwehrt:
„Kostbarkeiten zu verzollen?" — „Keine."
Und der Knabe, der den Ochsen führte, sprach: „Er hat
    gelehrt."
Und so war auch das erklärt.   20

5

Doch der Man in einer heitren Regung
Fragte noch: „Hat er was rausgekriegt?"
Sprach der Knabe: „Daß das weiche Wasser in Bewegung
Mit der Zeit den mächtigen Stein besiegt.
Du verstehst, das Harte unterliegt."   25

6

Daß er nicht das letzte Tageslicht verlöre
Trieb der Knabe nun den Ochsen an
Und die drei verschwanden schon um eine schwarze
    Föhre
Da kam plötzlich Fahrt in unsern Mann
Und er schrie: „He, du! Halt an!   30

7

Was ist das mit diesem Wasser, Alter?"
Hielt der Alte: „Intressiert es dich?"
Sprach der Mann: „Ich bin nur Zollverwalter
Doch wer wen besiegt, das intressiert auch mich.
Wenn du's weißt, dann sprich!   35

8

Schreib mir's auf! Diktier es diesem Kinde!
So was nimmt man doch nicht mit sich fort.

Da gibt's doch Papier bei uns und Tinte
Und ein Nachtmahl gibt es auch: ich wohne dort.
40 Nun, ist das ein Wort?"

9

Über seine Schulter sah der Alte
Auf den Mann: Flickjoppe. Keine Schuh.
Und die Stirne eine einzige Falte.
Ach, kein Sieger trat da auf ihn zu.
45 Und er murmelte: „Auch du?"

10

Eine höfliche Bitte abzuschlagen
War der Alte, wie es schien, zu alt.
Denn er sagte laut: „Die etwas fragen
Die verdienen Antwort." Sprach der Knabe: „Es wird
    auch schon kalt."
50 „Gut, ein kleiner Aufenthalt."

11

Und von seinem Ochsen stieg der Weise
Sieben Tage schrieben sie zu zweit
Und der Zöllner brachte Essen (und er fluchte nur noch
    leise
Mit den Schmugglern in der ganzen Zeit).
55 Und dann war's soweit.

12

Und dem Zöllner händigte der Knabe
Eines Morgens einundachtzig Sprüche ein.
Und mit Dank für eine kleine Reisegabe
Bogen sie um jene Föhre ins Gestein.
60 Sagt jetzt: kann man höflicher sein?

13

Aber rühmen wir nicht nur den Weisen
Dessen Name auf dem Buche prangt!
Denn man muß dem Weisen seine Weisheit erst entreißen.
Darum sei der Zöllner auch bedankt:
Er hat sie ihm abverlangt.   65

Besuch bei den verbannten Dichtern

Als er im Traum die Hütte betrat der verbannten
Dichter, die neben der Hütte gelegen ist
Wo die verbannten Lehrer wohnen (er hörte von dort
Streit und Gelächter), kam ihm zum Eingang
Ovid entgegen und sagte ihm halblaut: 5
„Besser, du setzt dich noch nicht. Du bist noch nicht
    gestorben. Wer weiß da
Ob du nicht doch noch zurückkehrst? Und ohne daß
    andres sich ändert
Als du selber." Doch, Trost in den Augen
Näherte Po Chü-yi sich und sagte lächelnd: „Die Strenge
Hat sich jeder verdient, der nur einmal das Unrecht 10
    benannte."
Und sein Freund Tu-fu sagte still: „Du verstehst, die
    Verbannung
Ist nicht der Ort, wo der Hochmut verlernt wird." Aber
    irdischer
Stellte sich der zerlumpte Villon zu ihnen und fragte:
    „Wieviele
Türen hat das Haus, wo du wohnst?" Und es nahm ihn
    der Dante bei Seite
Und ihn am Ärmel fassend, murmelte er: „Deine Verse 15
Wimmeln von Fehlern, Freund, bedenk doch
Wer alles gegen dich ist!" Und Voltaire rief hinüber:
„Gib auf den Sou acht, sie hungern dich aus sonst!"

„Und misch Späße hinein!" schrie Heine. „Das hilft
  nicht"
20 Schimpfte der Shakespeare, „als Jakob kam
  Durfte auch ich nicht mehr schreiben." „Wenn's zum
    Prozeß kommt
  Nimm einen Schurken zum Anwalt!" riet der Euripides
  „Denn der kennt die Löcher im Netz des Gesetzes." Das
    Gelächter
  Dauerte noch, da, aus der dunkelsten Ecke
25 Kam ein Ruf: „Du, wissen sie auch
  Deine Verse auswendig? Und die sie wissen
  Werden sie der Verfolgung entrinnen?" „Das
  Sind die Vergessenen", sagte der Dante leise
  „Ihnen wurden nicht nur die Körper, auch die Werke
    vernichtet."
30 Das Gelächter brach ab. Keiner wagte hinüberzublicken.
  Der Ankömmling
  War erblaßt.

Schlechte Zeit für Lyrik

Ich weiß doch: nur der Glückliche
Ist beliebt. Seine Stimme
Hört man gern. Sein Gesicht ist schön.

Der verkrüppelte Baum im Hof
5   Zeigt auf den schlechten Boden, aber
Die Vorübergehenden schimpfen ihn einen Krüppel
Doch mit Recht.

Die grünen Boote und die lustigen Segel des Sundes
Sehe ich nicht. Von allem
10   Sehe ich nur der Fischer rissiges Garnnetz.

Warum rede ich nur davon
Daß die vierzigjährige Häuslerin gekrümmt geht?
Die Brüste der Mädchen
Sind warm wie ehedem.

In meinem Lied ein Reim   15
Käme mir fast vor wie Übermut.

In mir streiten sich
Die Begeisterung über den blühenden Apfelbaum
Und das Entsetzen über die Reden des Anstreichers.
Aber nur das zweite   20
Drängt mich zum Schreibtisch.

Zitat

Der Dichter Kin sagte:
Wie soll ich unsterbliche Werke schreiben, wenn ich nicht
    berühmt bin?
Wie soll ich antworten, wenn ich nicht gefragt werde?
Warum soll ich Zeit verlieren über Versen, wenn die Zeit
    sie verliert?
Ich schreibe meine Vorschläge in einer haltbaren Sprache 5
Weil ich fürchte, es dauert lange, bis sie ausgeführt sind.
Damit das Große erreicht wird, bedarf es großer
    Änderungen.
Die kleinen Änderungen sind die Feinde der großen
    Änderungen.
Ich habe Feinde. Ich muß als berühmt sein.

Zufluchtsstätte

Ein Ruder liegt auf dem Dach. Ein mittlerer Wind
Wird das Stroh nicht wegtragen.
Im Hof für die Schaukel der Kinder sind
Pfähle eingeschlagen.
5 Die Post kommt zweimal hin
Wo die Briefe willkommen wären.
Den Sund herunter kommen die Fähren.
Das Haus hat vier Türen, daraus zu fliehn.

Der Zweifler

Immer wenn uns
Die Antwort auf eine Frage gefunden schien
Löste einer von uns an der Wand die Schnur der alten
Aufgerollten chinesischen Leinwand, so daß sie herabfiel
und
5 Sichtbar wurde der Mann auf der Bank, der
So sehr zweifelte.

Ich, sagte er uns
Bin der Zweifler. Ich zweifle, ob
Die Arbeit gelungen ist, die eure Tage verschlungen hat.
10 Ob, was ihr gesagt, auch schlechter gesagt, noch für
einige Wert hätte.
Ob ihr es aber gut gesagt und euch nicht etwa
Auf die Wahrheit verlassen habt dessen, was ihr gesagt
habt.
Ob es nicht vieldeutig ist, für jeden möglichen Irrtum
Tragt ihr die Schuld. Es kann auch zu eindeutig sein
15 Und den Widerspruch aus den Dingen entfernen; ist es zu
eindeutig?
Dann ist es unbrauchbar, was ihr sagt. Euer Ding ist
dann leblos.

Seid ihr wirklich im Fluß des Geschehens? Einverstanden
    mit
Allem, was wird? Werdet *ihr* noch? Wer seid ihr? Zu wem
Sprecht ihr? Wem nützt es, was ihr da sagt?
Und, nebenbei: 20
Läßt es auch nüchtern? Ist es am Morgen zu lesen?
Ist es auch angeknüpft an Vorhandenes? Sind die Sätze,
    die
Vor euch gesagt sind, benutzt, wenigstens widerlegt? Ist
    alles belegbar?
Durch Erfahrung? Durch welche?
Aber vor allem 25
Immer wieder vor allem andern: Wie handelt man
Wenn man euch glaubt, was ihr sagt? Vor allem: Wie
    handelt man?

Nachdenklich betrachteten wir mit Neugier den zwei-
    felnden
Blauen Mann auf der Leinwand, sahen uns an und
Begannen von vorne. 30

Gedanken über die Dauer des Exils

I

Schlage keinen Nagel in die Wand
Wirf den Rock auf den Stuhl!
Warum vorsorgen für vier Tage?
Du kehrst morgen zurück.

Laß den kleinen Baum ohne Wasser! 5
Wozu noch einen Baum pflanzen?
Bevor er so hoch wie eine Stufe ist
Gehst du froh weg von hier.

Zieh die Mütze ins Gesicht, wenn Leute vorbeigehn!
10 Wozu in einer fremden Grammatik blättern?
Die Nachricht, die dich heimruft
Ist in bekannter Sprache geschrieben.

So wie der Kalk vom Gebälk blättert
(Tue nichts dagegen!)
15 Wird der Zaun der Gewalt zermorschen
Der an der Grenze aufgerichtet ist
Gegen die Gerechtigkeit.

II

Sieh den Nagel in der Wand, den du eingeschlagen hast:
Wann, glaubst du, wirst du zurückkehren?
Willst du wissen, was du im Innersten glaubst?
Tag um Tag
5 Arbeitest du an der Befreiung
Sitzend in der Kammer schreibst du.
Willst du wissen, was du von deiner Arbeit hältst?
Sieh den kleinen Kastanienbaum im Eck des Hofes
Zu dem du die Kanne voll Wasser schlepptest!

Aus der Deutschen Kriegsfibel

DIE OBEREN SAGEN: FRIEDE UND KRIEG
Sind aus verschiedenem Stoff,
Aber ihr Friede und ihr Krieg
Sind wie Wind und Sturm.

5 Der Krieg wächst aus ihrem Frieden
Wie der Sohn aus der Mutter
Er trägt
Ihre schrecklichen Züge.

Ihr Krieg tötet
Was ihr Friede
Übriggelassen hat.   10

DIE OBEREN
Haben sich in einem Zimmer versammelt.
Mann auf der Straße
Laß alle Hoffnung fahren.

Die Regierungen   5
Schreiben Nichtangriffspakte.
Kleiner Mann
Schreibe dein Testament.

AUF DER MAUER STAND MIT KREIDE:
Sie wollen den Krieg.
Der es geschrieben hat
Ist schon gefallen.

DIE OBEREN SAGEN:
Es geht in den Ruhm.
Die Unteren sagen:
Es geht ins Grab.

1940

I

Das Frühjahr kommt. Die linden Winde
Befreien die Schären vom Wintereis.
Die Völker des Nordens erwarten zitternd
Die Schlachtflotten des Anstreichers.

II

Aus den Bücherhallen
Treten die Schlächter.
Die Kinder an sich drückend
Stehen die Mütter und durchforschen entgeistert
5 Den Himmel nach den Erfindungen der Gelehrten.

III

Die Konstrukteure hocken
Gekrümmt in den Zeichensälen:
Eine falsche Ziffer, und die Städte des Feindes
Bleiben unzerstört.

IV

Nebel verhüllt
Die Straße
Die Pappeln
Die Gehöfte und
5 Die Artillerie.

V

Ich befinde mich auf dem Inselchen Lidingö.
Aber neulich nachts
Träumte ich schwer und träumte, ich war in einer Stadt
Und entdeckte, die Beschriftungen der Straßen
5 Waren deutsch. In Schweiß gebadet
Erwachte ich, und mit Erleichterung
Sah ich die nachtschwarze Föhre vor dem Fenster und
        wußte:
Ich war in der Fremde.

VI

Mein junger Sohn fragt mich: Soll ich Mathematik
    lernen?
Wozu, möchte ich sagen. Daß zwei Stück Brot mehr ist
    als eines
Das wirst du auch so merken.
Mein junger Sohn fragt mich: Soll ich Französisch lernen?
Wozu, möchte ich sagen. Dieses Reich geht unter. Und   5
Reibe du nur mit der Hand den Bauch und stöhne
Und man wird dich schon verstehen.
Mein junger Sohn fragt mich: Soll ich Geschichte lernen?
Wozu, möchte ich sagen. Lerne du deinen Kopf in die
    Erde stecken
Da wirst du vielleicht übrigbleiben.   10

Ja, lerne Mathematik, sage ich
Lerne Französisch, lerne Geschichte!

VII

Vor der weißgetünchten Wand
Steht der schwarze Soldatenkoffer mit den Manuskripten.
Darauf liegt das Rauchzeug mit den kupfernen Asch-
    bechern.
Die chinesische Leinwand, zeigend den Zweifler
Hängt darüber. Auch die Masken sind da. Und neben der 5
    Bettstelle
Steht der kleine sechslampige Lautsprecher.
In der Früh
Drehe ich den Schalter um und höre
Die Siegesmeldungen meiner Feinde.

VIII

Auf der Flucht vor meinen Landsleuten
Bin ich nun nach Finnland gelangt. Freunde
Die ich gestern nicht kannte, stellten ein paar Betten
In saubere Zimmer. Im Lautsprecher
5 Höre ich die Siegesmeldungen des Abschaums. Neugierig
Betrachte ich die Karte des Erdteils. Hoch oben in
    Lappland
Nach dem Nördlichen Eismeer zu
Sehe ich noch eine kleine Tür.

Die Pfeifen

Da ich die Bücher, nach der Grenze hetzend
Den Freunden ließ, entrat' ich des Gedichts
Doch führt' ich meine Rauchgefäße mit, verletzend
Des Flüchtlings dritte Regel: Habe nichts!

5   Die Bücher sagen dem nicht viel, der nun
Auf solche wartet, kommend, ihn zu greifen.
Das Ledersäcklein und die alten Pfeifen
Vermögen fürder mehr für ihn zu tun.

Hollywood

Jeden Morgen, mein Brot zu verdienen
Gehe ich auf den Markt, wo Lügen gekauft werden.
Hoffnungsvoll
Reihe ich mich ein zwischen die Verkäufer.

Die Maske des Bösen

An meiner Wand hängt ein japanisches Holzwerk
Maske eines bösen Dämons, bemalt mit Goldlack.
Mitfühlend sehe ich
Die geschwollenen Stirnadern, andeutend
Wie anstrengend es ist, böse zu sein.   5

Auf einen chinesischen Teewurzellöwen

Die Schlechten fürchten deine Klaue.
Die Guten freuen sich deiner Grazie.
Derlei
Hörte ich gern
Von meinem Vers.   5

Der Rauch

Das kleine Haus unter Bäumen am See
Vom Dach steigt Rauch.
Fehlte er
Wie trostlos dann wären
Haus, Bäume und See.   5

Der Radwechsel

Ich sitze am Straßenhang.
Der Fahrer wechselt das Rad.
Ich bin nicht gern, wo ich herkomme.
Ich bin nicht gern, wo ich hinfahre.
Warum sehe ich den Radwechsel   5
Mit Ungeduld?

Beim Lesen des Horaz

Selbst die Sintflut
Dauerte nicht ewig.
Einmal verrannen
Die schwarzen Gewässer.
5   Freilich, wie Wenige
Dauerten länger!

Der Blumengarten

Am See, tief zwischen Tann und Silberpappel
Beschirmt von Mauer und Gesträuch ein Garten
So weise angelegt mit monatlichen Blumen
Daß er vom März bis zum Oktober blüht.

5   Hier, in der Früh, nicht allzu häufig, sitz ich
Und wünsche mir, auch ich mög allezeit
In den verschiedenen Wettern, guten, schlechten
Dies oder jenes Angenehme zeigen.

Das Theater, Stätte der Träume

Vielen gilt das Theater als Stätte der
Erzeugung von Träumen. Ihr Schauspieler geltet als
Verkäufer von Rauschmitteln. In euren verdunkelten
    Häusern
Wird man verwandelt in Könige und vollführt
5 Ungefährdet heroische Taten. Von Begeisterung erfaßt
Über sich selber oder von Mitleid zu sich
Selber sitzt man in glücklicher Zerstreuung, vergessend
Die Schwierigkeiten des Alltags, ein Flüchtling.
Allerhand Fabeln mischt ihr mit kundiger Hand, so daß
10 Unser Gemüt bewegt wird. Dazu verwendet ihr
Vorkommnisse aus der wirklichen Welt. Freilich, einer

Der da mitten hineinkäme, noch den Lärm des Verkehrs
    im Ohr
Und noch nüchtern, erkennte kaum
Oben auf eurem Brett die Welt, die er eben verlassen
    hat.
Und auch tretend am Ende aus euren Häusern, erkennte 15
    er
Wieder der niedrige Mensch und nicht mehr der König
Die Welt nicht mehr und fände sich
Nicht mehr zurecht im wirklichen Leben.
Vielen freilich gilt dieses Treiben als unschuldig. Bei der
    Niedrigkeit
Und Einförmigkeit unsres Lebens, sagen sie, sind uns   20
Träume willkommen. Wie es ertragen ohne
Träume? So wird, Schauspieler, euer Theater aber
Zu einer Stätte, wo man das niedrige und einförmige
Leben ertragen lernt und verzichten auf
Große Taten und selbst auf das Mitleid mit   25
Sich selber. Ihr aber
Zeigt eine falsche Welt, achtlos zusammengemischt
So wie der Traum sie zeigt, von Wünschen verändert
Oder von Ängsten verzerrt, traurige
Betrüger.   30

Lied des Stückschreibers
(Fragment)

Ich bin ein Stückschreiber. Ich zeige
Was ich gesehen habe. Auf den Menschenmärkten
Habe ich gesehen, wie der Mensch gehandelt wird. Das
Zeige ich, ich, der Stückschreiber.

5 Wie sie zu einander ins Zimmer treten mit Plänen
Oder mit Gummiknüppeln oder mit Geld
Wie sie auf den Straßen stehen und warten
Wie sie einander Fallen bereiten
Voller Hoffnung
10 Wie sie Verabredungen treffen
Wie sie einander aufhängen
Wie sie sich lieben
Wie sie die Beute verteidigen
Wie sie essen
15 Das zeige ich.

Die Worte, die sie einander zurufen, berichte ich.
Was die Mutter dem Sohn sagt
Was der Unternehmer dem Unternommenen befiehlt
Was die Frau dem Mann antwortet
20 Alle die bittenden Worte, alle die herrischen
Die flehenden, die mißverständlichen
Die lügnerischen, die unwissenden
Die schönen, die verletzenden
Alle berichte ich.

25 Ich sehe da auftreten Schneefälle
Ich sehe da nach vorn kommen Erdbeben
Ich sehe da Berge stehen mitten im Wege
Und Flüsse sehe ich über die Ufer treten.
Aber die Schneefälle haben Hüte auf
30 Die Erdbeben haben Geld in der Brusttasche
Die Berge sind aus Fahrzeugen gestiegen
Und die reißenden Flüsse gebieten über Polizisten.
Das enthülle ich.

Um zeigen zu können, was ich sehe
Lese ich nach die Darstellungen anderer Völker und 35
   anderer Zeitalter.
Ein paar Stücke habe ich nachgeschrieben, genau
Prüfend die jeweilige Technik und mir einprägend
Das, was mir zustatten kommt.
Ich studierte die Darstellungen der großen Feudalen
Durch die Engländer, reicher Figuren   40
Denen die Welt dazu dient, sich groß zu entfalten.
Ich studierte die moralisierenden Spanier
Die Inder, Meister der schönen Empfindungen
Und die Chinesen, welche die Familien darstellen
Und die bunten Schicksale in den Städten.   45

Und so schnell wechselte zu meiner Zeit
Das Aussehen der Häuser und Städte, daß ein Wegfahren
   für zwei Jahre
Und ein Rückkehren eine Reise in eine andere Stadt
   war
Und in riesiger Masse wandelten die Menschen ihr
   Aussehen
In wenigen Jahren. Ich sah   50
Arbeiter in das Tor der Fabrik treten, und das Tor war hoch
Aber als sie herauskamen, mußten sie sich bücken.
Da sagte ich zu mir:
Alles wandelt sich und ist nur für seine Zeit.

Also gab ich jedem Schauplatz sein Kennzeichen   55
Und brannte jedem Fabrikhof seine Jahreszahl ein und
   jedem Zimmer
Wie die Hirten dem Vieh seine Zahl einbrennen, daß es
   erkannt wird.

Und auch den Sätzen, die da gesprochen wurden
Gab ich ihr Kennzeichen, so daß sie wurden wie Aus-
    sprüche
60 Der Vergänglichen, die man aufzeichnet
Damit sie nicht vergessen werden.

Was da die Frau sagte im Arbeitskittel
Über die Flugblätter gebeugt, in diesen Jahren
Und wie die Börsenleute mit ihren Schreibern sprachen
65 Die Hüte im Genick, gestern
Das versah ich mit dem Zeichen der Vergänglichkeit
Ihrer Jahreszahl.

Alles aber übergab ich dem Staunen
Selbst das Vertrauteste.
70 Daß die Mutter dem Kinde die Brust reichte
Das berichtete ich wie etwas, das keiner mir glauben
    wird.
Daß der Pförtner vor dem Frierenden die Tür zuschlug
Wie etwas, das noch keiner gesehen hat.

An die Nachgeborenen

I

Wirklich, ich lebe in finsteren Zeiten!
Das arglose Wort ist töricht. Eine glatte Stirn
Deutet auf Unempfindlichkeit hin. Der Lachende
Hat die furchtbare Nachricht
5 Nur noch nicht empfangen.

Was sind das für Zeiten, wo
Ein Gespräch über Bäume fast ein Verbrechen ist
Weil es ein Schweigen über so viele Untaten einschließt!
Der dort ruhig über die Straße geht

Ist wohl nicht mehr erreichbar für seine Freunde   10
Die in Not sind?

Es ist wahr: ich verdiene noch meinen Unterhalt
Aber glaubt mir: das ist nur ein Zufall. Nichts
Von dem, was ich tue, berechtigt mich dazu, mich
    sattzuessen.
Zufällig bin ich verschont. (Wenn mein Glück aussetzt, 15
    bin ich verloren.)

Man sagt mir: Iß und trink du! Sei froh, daß du hast!
Aber wie kann ich essen und trinken, wenn
Ich es dem Hungernden entreiße, was ich esse, und
Mein Glas Wasser einem Verdurstenden fehlt?
Und doch esse und trinke ich.   20

Ich wäre gerne auch weise.
In den alten Büchern steht, was weise ist:
Sich aus dem Streit der Welt halten und die kurze Zeit
Ohne Furcht verbringen
Auch ohne Gewalt auskommen   25
Böses mit Gutem vergelten
Seine Wünsche nicht erfüllen, sondern vergessen
Gilt für weise.
Alles das kann ich nicht:
Wirklich, ich lebe in finsteren Zeiten!   30

II

In die Städte kam ich zu der Zeit der Unordnung
Als da Hunger herrschte.
Unter die Menschen kam ich zu der Zeit des Aufruhrs
Und ich empörte mich mit ihnen.
So verging meine Zeit   5
Die auf Erden mir gegeben war.

Mein Essen aß ich zwischen den Schlachten
Schlafen legte ich mich unter die Mörder
Der Liebe pflegte ich achtlos
10 Und die Natur sah ich ohne Geduld.
So verging meine Zeit
Die auf Erden mir gegeben war.

Die Straßen führten in den Sumpf zu meiner Zeit.
Die Sprache verriet mich dem Schlächter.
15 Ich vermochte nur wenig. Aber die Herrschenden
Saßen ohne mich sicherer, das hoffte ich.
So verging meine Zeit
Die auf Erden mir gegeben war.

Die Kräfte waren gering. Das Ziel
20 Lag in großer Ferne
Es war deutlich sichtbar, wenn auch für mich
Kaum zu erreichen.
So verging meine Zeit
Die auf Erden mir gegeben war.

III

Ihr, die ihr auftauchen werdet aus der Flut
In der wir untergegangen sind
Gedenkt
Wenn ihr von unsern Schwächen sprecht
5 Auch der finsteren Zeit
Der ihr entronnen seid.

Gingen wir doch, öfter als die Schuhe die Länder
wechselnd
Durch die Kriege der Klassen, verzweifelt
Wenn da nur Unrecht war und keine Empörung.

Dabei wissen wir doch: 10
Auch der Haß gegen die Niedrigkeit
Verzerrt die Züge.
Auch der Zorn über das Unrecht
Macht die Stimme heiser. Ach, wir
Die wir den Boden bereiten wollten für Freundlichkeit 15
Konnten selber nicht freundlich sein.

Ihr aber, wenn es so weit sein wird
Daß der Mensch dem Menschen ein Helfer ist
Gedenkt unsrer
Mit Nachsicht. 20

NOTES

Abbreviations used in these notes:
G   = Bertolt Brecht, *Gedichte*, Frankfurt a. M., 1960 ff. vol. I, II, III, IV.
H   = *Hauspostille*
SvG = *Svendborger Gedichte*
AG = *Ausgewählte Gedichte*, Frankfurt a. M., 1961.
GL = *Gedichte und Lieder*, Frankfurt a. M., 1956.

Vom armen B. B.

From H. Version: G. I, 147 ff.
Title: cf. Villon calling himself 'le pauvre François Villon'.
ll. 25 ff. Note the change of time, of the personal pronoun, and in connection with this the change of style: the solemn tone echoes the language of the Bible.
ll. 27 f. The skyscrapers of New York and the aerials which 'entertain' the Atlantic Ocean are typical attributes of the fabulous America of the younger Brecht.

Großer Dankchoral

From H. Version: G. I, 74 f.
The poem is a secular contrafacture of a protestant hymn by Joachim Neander (1650–80). Cf. its first stanza:
> Lobe den Herren, den mächtigen König der Ehren,
> Meine geliebte Seele, das ist mein Begehren,
> Kommet zu Hauf,
> Psalter und Harpfen, wacht auf,
> Lasset die Musicam hören.

ll. 1, 2. *lobet, kommet:* instances of archaic forms (here: the unstressed -e-) such as occur frequently in Brecht's highly stylized language.

l. 2.   *zuhauf:* rarely used today, meaning 'in Scharen zusammen-kommen'. Cf. l. 18 for a similar instance: *hinan* = 'hinauf'.

ll. 14 ff. a typical motif in the poetry of the young Brecht.

l. 17.   *Kälte* and *Finsternis* are permanent characteristics of the poetical world of the early Brecht. Cf. the famous final chorus of the *Dreigroschenoper*:

> Bedenkt das Dunkel und die große Kälte
> In diesem Tale, das von Jammer schallt.

l. 20. *unbesorgt:* note the possible double meaning: 'uncared for' and 'not caring'.

Bericht vom Zeck

From H. Version: G I, 33 f.

Title: *der Zeck* = South-German for *die Zecke* (tick).

Motto: later addition to underline the polemic character of the poem against the Christian God.

l. 4.   *Violett:* favourite colour of the young Brecht, usually occurring as the colour of the sky (possibly Rimbaud-influence).

l. 18.   *rein* = 'hinein'.

l. 28.   *Trauerweis':* 'dirge'.

Das Schiff

From H. Version: G I, 23 f.

Brecht's *Schiff* is a successor of Rimbaud's famous *Bâteau Ivre*. Willett (p. 90) also points to Kipling's 'The Derelict' (in *The Seven Seas*).

l. 19.   *Monde:* Brecht liked this word for 'Monat'; today it is almost exclusively used in poetical language.

l. 21.   *ward:* today only used in poetical language for 'wurde'.

Ballade von den Abenteurern

From H. Version: G I, 79.

l. 5.   A folk-tale and ballad motif of heaven *and* hell refusing to let the applicant in; it recurs several times in Brecht's early poetry.

l. 9.   *absinthenen Meeren:* absinth-coloured oceans.

l. 11. Note the abrupt change of tone in the vocabulary. *Zähren* is a purely poetical word, but used today in poetry almost exclusively for ironic purposes. On the other hand it must be remembered that the word lives on in South-German dialects as a synonym for the originally North-German 'Träne' which at the end of the 17th century excluded 'Zähre' from written high German. So Brecht could have taken 'Zähre' as a dialect word, though still conscious of its poetical, highly stylized flavour.

Ballade auf vielen Schiffen

From H. Version: G I, 82 ff.

l. 5.   *verschwammt:* describing the effect of the *Wassersucht*, 'dropsy'. A rarely used word, meaning 'schwammig geworden'. Another possible meaning is 'von Schwämmen überzogen'.

ll. 9 f. Note the change in style and diction: the highly stylized 'es ziemt nicht zu zählen' is followed by the down-to-earth phrase 'jedenfalls sind sie fort'.

l. 18. *Haie:* the indispensable inhabitants of the world of Brecht's early poetry. Often in metaphors, cf. *Ballade von den Geheimnissen jedweden Mannes*, l. 27, *Vom Schwimmen in Seen und Flüssen*, l. 22, and the first lines of the prelude of the *Dreigroschenoper* (the *Mackie Messer-Song*):

> Und der Haifisch, der hat Zähne
> Und die trägt er im Gesicht . . .

Von des Cortez Leuten

From H. Version: G I, 85 f.

The poem—one of the two unrhymed poems of the *Hauspostille*—is an impressive example of the impassivity of Brecht's rendering of the adventurous ballad. The poet speaks as an impersonal, unaffected chronicler.

Title: *Cortez*, Hernando, 1485–1547, the conqueror of Mexico (1519–21).

l. 13. *gen* = 'gegen'. Brecht likes to use this biblical and poetical form.

l. 25. *als wie:* 'als' (as), the comparative conjunction in older German, was displaced in new high German by 'wie', which process led (17th and 18th century) to the frequent combination of old and new conjunction. Cf. *Und bin so klug als wie zuvor*, Goethe, *Faust*, I Nacht. Today the form has an archaic flavour and does not fit into the tone of this poem. In the first version (1927) the line runs: 'Der Hauptmann brüllte wie ein Stier nâch Äxten'. Grimm, *Deutsches Wörterbuch* (vol. I, 249), says: 'dies als wie kann dem vers mit einer silbe helfen, ist aber in prosa zu meiden.'

Ballade von den Geheimnissen jedweden Mannes

From H. Version: G I, 80 ff.

Title: That Brecht called this poem a *Ballade* shows that he adopted the term from Villon's ballads. In the tradition of the German balladry this poem would never have been called a *Ballade*. *jedweder:* 'jeder', in the sense of 'alle, die es gibt', 'alle, die da sind'. Today the word has an archaic flavour.

l. 15. *vor* = 'bevor', 'ehe'.

Der Choral vom großen Baal

From H. Version: GL, 53 f.

Before its inclusion in the H the poem belonged to Brecht's first play *Baal* as a kind of prologue. There the poem had fourteen stanzas, the version printed in H nine, a third version (in G) nineteen.

Title: *Baal:* the name was taken from the Old Testament (v. I Kings XVI–XVIII, and 2 Kings X). The Hebrew word means 'Lord' and is the name of a fertility-god in the shape of a bull.

l. 25. *Jammertal:* a biblical concept (cf. Psalm 84, 7), which occurs more than once in Brecht's poetry: 'vale of tears'. Cf. note on *Großer Dankchoral*, l. 17.

Legende von toten Soldaten

From H. Version: G I, 136 ff.

This poem earned Brecht the hatred of the political right. For Hitler's party he was then marked as one to be eliminated.

l. 1.   *im vierten Lenz:* cf. Engl. 'summer', used as pars pro toto for 'year'; therefore originally in the version H (1927) 'im fünften Lenz', i.e. in the fifth year of the war.

l. 19.   *k.v.:* 'kriegsverwendungsfähig', 'fit for war-service'.

l. 20.   *sich drücken:* 'to shirk.'

l. 33.   *Tschindrara* (onomatopoeic)*:* 'ratatata'.

l. 46.   *gestärkt:* 'starched'.

l. 54.   *Ratzen* = 'Ratten'.

Von der Kindesmörderin Marie Farrar

From H. Version: G I, 18 ff.

Note the different ways of speaking in this poem: the girl's story, as told by herself, is rendered in the way a recorder in court takes down a statement made in evidence. In the refrain (which, in style and metre contrasting to the stanza, is reminiscent of old ballads. Cf. the last stanza of the Scottish border-ballad 'Rookhope Ryde': 'And now I do entreat you all . . . '; *The English and Scottish Popular Ballads*, ed. F. J. Child, Vol. 3, No. 179) this first impassive voice of an official is accompanied by the sharply contrasting second voice of a sympathetic listener to the girl's story, who communicates this story to his audience. From the fifth stanza this second voice begins to speak within the stanza too, and that leads to a peculiar fusion of the two ways of speaking, as a result of which a third kind of voice emerges, keeping the factual attitude of the first voice, but without its impassivity, and adding to the human sympathy of the second voice a touch of bitterness and scorn.

l. 37.   The first part of the line echoes Luke ii. 6.

l. 45.   The line echoes Luke ii. 7.

l. 74.   *ohn(e) Federlesen:* 'without ceremony'.

Maria

Version: G II, 104.

The poem was first published at Christmas 1924 in the *Berliner Börsen-Courier* and nearly brought Brecht into court on a charge of blasphemy. Willett (p. 95) points to the poem as one of the first lyrical instances of irregular, rhymeless verses with rough and, so to speak, stumbling rhythm, on which Brecht theorized in his later essay *Über reimlose Lyrik mit unregelmäßigen Rhythmen.*

l. 4. *Kummerbalken:* a word of Brecht's own coining, pointing to the
poverty of the room (or house, or hut), where Mary gave
birth to the child, and to the misery and the sorrows of its
inhabitants.

Ballade von der Hanna Cash

From H. Version G I, 93 ff.

l. 7. *jemand einseifen* (fam.): 'to take somebody in'.

l. 24. *Grind:* 'scurf', here to be taken as 'Kopf' (dialect form).

ll. 28, 29. *'kamen sich näher', 'gingen vereint durchs Leben'* (cf. l. 65: *'Das
Leben ist schwer'*): the inverted commas mark these phrases as
clichés, belonging to the vocabulary of the bourgeois world.
They underline the peculiar character of the whole poem: it
draws the picture of a 'family-life' that outwardly takes place
beyond the sphere of bourgeois respectability and morality,
but inwardly has all the moral qualities which the bourgeois
professes without having them. The quoted phrases here point
to the emptiness of language and life of the bourgeois world,
and, by contrast, to the bitter intensity and meaningfulness of
the life of which the poem speaks. This contrast is underlined
by the words 'zwischen Wild and Fisch'; within the verbal
pattern of the bourgeois this would mean 'between two
dishes', but as to Hanna Cash and Jack Kent it has to be read
literally, or, to be more exact, as pars pro toto, and means 'in
the savage nature', between the 'Wälder' (or the Savanna)
and the 'schwarzen Seen'. Hence l. 31: 'Und sie hatten selber
nicht Wild noch Fisch', where dishes are now meant.

l. 38. *Er geht krumm.* The 'Milchfrau' doubtlessly wants to say: he is
unfaithful to you, he goes astray. But Brecht's rendering of the
(fam.) idiomatic expression is quite uncommon and probably
derived from two idioms which he mixed: 'er geht fremd', and
'er geht krumme Wege'. Meaning the former, he took the
adjective from the latter.

l. 40. *sie war so frei:* another typically bourgeois phrase. Cf. 'I take
the liberty (of doing)'. The witty point of the formulation lies
in the contrast between the bourgeois formality of the phrase
and the straightforward and resolute way of the heroine's
behaviour. Cf. the Darum in l. 41, which cuts off all arguing.

l. 58. *Kaar:* today known only in South-German dialects, meaning
'Gefäß', Geschirr', 'Schüssel'.

59. *Mundharmonie:* a word of Brecht's own coining. It has, I think, nothing to do with 'Mundharmonika', but presumably ought to be read as the opposite of 'Seelenharmonie' cf. analogous forms like 'Lippenbekenntnis', 'Maulheld'. Then the meaning of the line would be: 'the outward form of their life together was not smooth at all'.

Die Seeräuber-Jenny oder Träume eines Küchenmädchens

From *Dreigroschenoper.* Version: G II, 213 f.
l. 28. *verschont von jedem Streich:* 'spared from all blows'.
ll. 37 ff. Note the biblical tone of the language, reminiscent of the apocalypse.
l. 40. *vor mir:* grammatically not correct.

Erinnerung an die Marie A.

From H. Version: G I, 97 f.

Vom Ertrunkenen Mädchen

From H. Version: G I, 131.
The subject has been a favourite one in modern poetry since Rimbaud's *Ophélie.*

Die Liebenden

From *Aufstieg und Fall der Stadt Mahagonny.* Version: G II, 210.
In the *Mahagonny-opera* (music by Kurt Weill) the poem is to be found in the form of a dialogue, or, to be more exact, a duet, between a man and a girl in a brothel, while other clients are waiting outside to get in—one of those biting contrasts which Brecht was fond of. Note the terza rima-form which is rare in Brecht's poetry.
l. 13. New period.
ll. 21–3. These last three lines with their disillusioning sadness are omitted in some editions.

Vom Schwimmen in Seen und Flüssen

From H. Version: G I, 65 f.
l. 28. *Schottermassen:* 'boulders'. The 'Flüsse' have to be imagined as the South-Bavarian rivers coming from the Alps, low, cold, rapid, and stony.

Vom Klettern in Bäumen

From H. Version: G I, 64.
l. 8.   *Mahr:* usually, 'Nachtmahr'.
l. 10.   *zerkerben:* 'notch'.

Aus einem Lesebuch für Städtebewohner

From *Versuche 2* (1930). Version: G I, 159 ff.
Written in the second half of the twenties, these poems were originally planned as texts for records.

Zum Lesebuch für Städtebewohner gehörige Gedichte

Version: G I, 173 ff.
no. 15/15.   *Mentscher:* 'das Mensch', 'die Menscher' (fam.), 'slut', 'hussy'.

Die Nachtlager

Written (according to GL) in 1931. Version: G III, 166.
Note the dialectic structure of the poem: by turning round the sequence of the statements the poet shows the converse side of the *Beziehungen zwischen den Menschen,* and their contradictory character comes to light. It is left to the reader to draw the conclusion.

Gesang der Reiskahnschlepper

From the play *Die Maßnahme* (written 1930). Version: G III, 215 f.

Lied der Starenschwärme

From SvG. Version: G IV, 26 f.
Though the scene of the poem is Chinese, it has, I think, nothing to do with the situation of the civil war in China, but is a kind of parable, speaking of the fate of the German people who follow Hitler's promises along a way which will end in despair and death.

Die Ballade vom Wasserrad

From the play *Die Rundköpfe und die Spitzköpfe* (written between 1931 and 1934). Version: G III, 239 f.

l. 1 ff. A dominant theme in Brecht's poetry during the thirties; cf. the following *Lied von der Moldau.*

ll. 9 ff. The wheel in the refrain of the poem obviously descends from the old image of Fortune's wheel.

ll. 11, 23, 35. The water as the symbol of the people, the 'Unteren', occurs frequently in Brecht's poetry after 1930. Cf. *Legende von der Entstehung des Buches Taoteking*, 5th and 7th stanza.

Das Lied von der Moldau

From the play *Schweyk im Zweiten Weltkrieg* (written between 1941 and 1944). Version: Bertolt Brecht, *Stücke*, Frankfurt, 1957, vol. 10, p. 130 f.

ll. 1, 2. The images of the first two lines correspond to the statements of ll. 5 and 6.

l. 2. *drei Kaiser:* there are in fact more than three emperors buried in Prague, but it is obvious that Brecht did not need the historically right, but the poetically right (symbolic) number.

Der Gedanke in den Werken der Klassiker

Version: AG, 41.

Title: *Klassiker* means for Brecht the socialist classics, especially Marx, Engels, Lenin.

Lob des Zweifels

Version: GL, 22 ff.

l. 51. *müssen . . . dran glauben:* 'will be sacrified'.

l. 69. *nicht spruchreif:* 'can't yet be decided' (not yet fully investigated).

Fragen eines lesenden Arbeiters

From SvG. Version: G IV, 45 f.

The correction of the distorted historical pictures is a permanent concern of the later Brecht. The cardinal point is—as can be seen from this poem—the shifting of the interest from the hero-worshipping aspect of history to history as seen from the point of view of the 'people', the story of the nameless masses. Instead of being regarded as the amorphous 'material' of the history-making hero, they themselves are appointed by Brecht to be the protagonists on the stage of history. Cf. the poem *Die Literatur wird durchforscht werden.* The poet's historical spirit wants to reverse the situation which he described in the famous finale of the *Dreigroschen-Film*:

> Denn die einen sind im Dunkeln
> Und die andern sind im Licht.
> Und man siehet die im Lichte
> Die im Dunkeln sieht man nicht.

l. 6. *Lima:* founded by Pizarro in 1535, Lima became the luxurious capital of the viceroys of Peru.

l. 20. *Siebenjähriger Krieg:* 1756–63, war between Prussia and Austria. England was the ally of the former, and Saxony, France, and Russia of the latter.

Der Schuh des Empedokles

From SvG. Version: G IV, 47 ff.

Title: *Empedokles:* Greek philosopher, about 490–422 B.C., from Akragas (Sicily), where he had great political influence, contributing to the overthrow of the oligarchy and the establishment of a democratic régime. Legendary stories were told about the ending of his life. Cf. Hölderlin's tragedy *Der Tod des E.*, and Matthew Arnold's dramatic poem *Empedocles on Etna.*

l. 37. *mählich* = 'allmählich'.

l. 73. *heimsen:* 'to win.'

Legende von der Entstehung des Buches Taoteking

From SvG. Version: G IV, 51 ff.

Title: *Laotse:* Chinese philosopher, 6th century B.C. One of the great philosophical teachers of China (Taoism). *Taoteking*, the only book of Lao-tse that has been preserved, is a collection of aphorisms, written in verse.

l. 22. *rauskriegen* = herauskriegen' (fam.), 'to find out', 'to solve' (a problem).

ll. 23 ff. After Lao-tse's *Taoteking*, no. 78:

> There is nothing on earth
> That is softer and weaker than water.
> And yet there is nothing that equals its way
> To press in upon that which is hard.

Nothing is able to transform it.
Everybody on earth knows
That that which is weak defeats that which is strong
And that which is soft defeats that which is hard. . . .

l. 29. *in Fahrt kommen* (fam.): 'to get agitated'.
l. 42. *Flickjoppe:* patched jacket.

Besuch bei den verbannten Dichtern

From SvG. Version: G IV, 55 f.
l. 9. *Po Chü-yi:* Chinese poet (772–846). In 1938 Brecht translated some of his poems which he found in a translation of *A Hundred and Seventy Chinese Poems* by the great British sinologist Arthur Waley.
l. 11. *Tu-Fu:* Chinese poet (712–70). As can be seen from their dates, Brecht's calling him the 'Freund' of Po Chü-yi cannot be taken as a biographical fact.
ll. 13 f. Villon's question finds its answer in the last line of Brecht's poem *Zufluchtsstätte.*

Schlechte Zeit für Lyrik

Version: GL, 96.
l. 12. *Häuslerin:* a villager with very little land who is forced to take a job to make his living.
ll. 17 ff. The motif occurs frequently in Brecht's poety written in exile.
l. 19. *Anstreicher:* Brecht's name for Hitler, an allusion to Hitler's job during his time in Vienna (house-painter), but at the same time used by Brecht as a satiric metaphor for Hitler's kind of 'renovation of society'. V. *Das Lied vom Anstreicher Hitler* (G III, 35 f.): instead of building a new house he paints the old, derelict one.

Zitat

Version: AG, 40.
l. 1. *Der Dichter Kin:* the Chinese language has no names which consist of only one word. It is therefore impossible to find out whether Brecht was thinking of a particular poet. Presumably the poet 'Kin' is a Brechtian invention.

Zufluchtsstätte

From SvG. Version: G IV, 139.
The poem speaks of Brecht's temporary home on the island of
Langeland in the province of Svendborg where he settled during his
Danish exile.

Der Zweifler

Version: *Sinn und Form*, 11/1959, 7 f.

Gedanken über die Dauer des Exils

From SvG. Version: G IV, 138 f.
l. 15. *zermorschen:* 'durch und durch morsch werden und zusamen-
brechen'.

Aus der Deutschen Kriegsfibel

From SvG. Version: G IV, 9 ff.
W. Benjamin (v. Select Bibliography, p. 37) said of these verses: 'The
Kriegsfibel has been written in a "lapidary" style. The word comes
from the Latin *lapis*, stone, and signifies the style that had been
developed for inscriptions. Its most important characteristic was con-
ciseness. . . . What is the reason for the inscriptional style of these
poems?' To answer this question, Benjamin quotes the poem beginning 'Auf der Mauer stand mit Kreide', and continues by saying:
'The first line of this poem could be added to every poem of the
Kriegsfibel. Its inscriptions are not made for stones, like those of the
Romans, but, like those of the illegal fighters, for the palisades.'

1940

Version: G IV, 220 ff.
I. *l.* 1 f. The sentence 'Die linden Winde' . . . echoes famous German
verses on spring: Ludwig Uhland's *Frühlingslied*, beginning
'Die linden Lüfte sind erwacht', and the lines from the
Osterspaziergang in Goethe's *Faust I*: 'Vom Eise befreit' . . . To
the main point of the poem (one should imagine spring-time
as a time of joyful, not of trembling, expectation!) another

contradiction is added by these allusions: they underline the contrast between the romantic image of Germany and the Germans and her, or their, present state and actions, forcibly expressed in the last line 'Die Schlachtflotten des Anstreichers'.

l. 2. *Schären:* the cliffs on the coast of Scandinavia.

VII. *l.* 4. See the poem *Der Zweifler* (p. 98).

l. 5. *Die Masken:* see the poem *Die Maske des Bösen* (p. 105).

Die Pfeifen

Version: G IV, 224.

l. 2. *entrat' ich des Gedichts:* Brecht probably does not want to suggest that he cannot write poetry because he has no books with him —as for instance Catullus says in his epistle to Allius—, but that he cannot read poems, having left his books behind.

l. 8. *fürder:* 'henceforward'. The slightly archaic word underlines once again the highly stylized tone which the poem acquires from its syntactical structure.

Hollywood

Version: AG, 47.

Like many other German writers who emigrated to America, Brecht tried to earn some money by writing scripts for the film industry.

Die Maske des Bösen

Version: AG, 48.

Auf einen Chinesischen Teewurzellöwen

Version: GL, 155.

Title: *Teewurzellöwe:* a lion-like figure, made of the root of the tea-plant. The Chinese consider them to be bringers of good luck.

Der Rauch

Written 1953. Version: GL, 151.

Der Radwechsel

Written 1953. Version: AG, 49.

Beim Lesen des Horaz

Written 1953. Version: AG, 50.
It is difficult to see the connection between this poem and Horace. The motif of the Flood occurs in the Roman poet's *Carmina* I, 2. Hans Mayer (*Bertolt Brecht und die Tradition*, p. 98) reads the poem as 'die moderne Variation über den Satz des Lyrikers Horaz: exegi monumentum aere perennius', and calls it 'ein Gedicht . . . über die Dauer von Dichtung'. This does not make much sense to me. I prefer to read the poem as an expression of Brecht's mood after the East Berlin riots in June 1953: the Flood corresponds to the present time in an imperfect society which is on its way towards communism. If this interpretation is correct, the poem raises the question of the value of a golden future that is unattainable for the people living in the stony present.
l. 1. Cf. the same image in the poem *An die Nachgeborenen*, III, l. 1 f.

Der Blumengarten

Written 1953. Version: AG, 48.

Das Theater, Stätte der Träume

Version: G IV, 199 f.
The poem, a kind of epistle, belongs to a cycle of similar didactic poems dealing with Brecht's conception of his theatre. He called the cycle *Messingkauf* (purchase of brass). In this particular poem Brecht deals with the kind of theatre which he considered as the complete opposite of his own.

Lied des Stückschreibers

Version: G IV, 211 ff.
Title: Brecht liked to call himself a 'Stückschreiber'—a word which he probably, though not quite correctly, thought to be the equivalent of the English word 'playwright'.

l. 18. *dem Unternommenen:* Brecht chooses this word in order to suggest that the object of the 'Unternehmung' of the 'Unternehmer' is in fact the worker. The usual word that corresponds to 'Unternehmer' is 'Arbeitnehmer'. Here we have an instance of Brecht's often quoted technique of 'Verfremdung': an alienation which, it is intended, shall upset the notions which we hitherto have taken for granted and so pave the way to a new and true understanding of the nature of human affairs.

l. 46. Here the fragmentary character of the poem is apparent. The abrupt change of subject suggests that there is a gap between the previous stanza and this one.

ll. 62 ff. Allusions to his plays *Die Mutter* and *Die heilige Johanna der Schlachthöfe*.

An die Nachgeborenen

From SvG. Version: G IV, 143 ff.
II. *l.* 1 ff. Cf. the poem *Vom armen B. B.*

INDEX OF FIRST LINES

Als Empedokles, der Agrigenter   89
Als er im Traum die Hütte betrat der verbannten   95
Als er Siebzig war und war gebrechlich   92
Als im weißen Mutterschoße aufwuchs Baal   55
Als sie ertrunken war und hinunterschwamm   70
Am Grunde der Moldau wandern die Steine   83
Am See, tief zwischen Tann und Silberpappel   106
Am siebten Tage unter leichten Winden   52
An jenem Tag im blauen Mond September   69
An meiner Wand hängt ein japanisches Holzwerk   105
Brackwasser ist braun, und die alten Schaluppen   50
Da ich die Bücher, nach der Grenze hetzend   104
Das Frühjahr kommt. Die linden Winde   101
Das kleine Haus unter Bäumen am See   105
Der Dichter Kin sagte: 97
Die Nacht ihrer ersten Geburt war   64
Die Oberen Sagen: Friede und Krieg   100
Die Schlechten fürchten deine Klaue.   105
Durch die klaren Wasser schwimmend vieler Meere   47
Durch unsere Kinderträume   46
Ein Ruder liegt auf dem Dach. Ein mittlerer Wind   98
Gelobt sei der Zweifel! Ich rate euch, begrüßt mir   84
Ich, Bertolt Brecht, bin aus den schwarzen Wäldern.   43
Ich bin ein Stückschreiber. Ich zeige   107
Ich höre, daß in New York   78
Ich sitze am Strassenhang.   105
Ich weiß doch: nur der Glückliche   96
Im bleichen Sommer, wenn die Winde oben   72
Immer wenn uns   98
In der Stadt oben am Fluß   79
Jeden Morgen, mein Brot zu verdienen   104

Jeder weiß, was ein Mann ist. Er hat einen Namen.   54
Laßt eure Träume fahren, daß man mit euch   74
Lobet die Nacht und die Finsternis, die euch umfangen!   45
Marie Farrar, geboren im April   61
Meine Herren, heute sehen Sie mich Gläser abwaschen   67
Mit dem Rock von Kattun und dem gelben Tuch   65
Nackt und ohne Behang   84
Oft in der Nacht träume ich, ich kann   76
Schlage keinen Nagel in die Wand   99
Selbst die Sintflut   106
Sieh jene Kraniche in großem Bogen!   71
Und als der Krieg im vierten Lenz   57
Vielen gilt das Theater als Stätte der   106
Von den Großen dieser Erde   82
Von Sonne krank und ganz von Regen zerfressen   49
Wenn ihr aus eurem Wasser steigt am Abend —   73
Wer baute das siebentorige Theben?   87
Wirklich, ich lebe in finsteren Zeiten!   110
Wir sind aufgebrochen im Monat Oktober   81